Gongye Chanquan Yu Banquan
Zhidu Yanjiu

工业产权与版权制度研究

张建鹰 著

四川大学出版社

责任编辑：蒋姗姗
责任校对：马　佳
封面设计：墨创文化
责任印制：王　炜

图书在版编目（CIP）数据

工业产权与版权制度研究 / 张建鹰著. —成都：
四川大学出版社，2017.8
　ISBN 978－7－5690－1125－8

　Ⅰ.①工…　Ⅱ.①张…　Ⅲ.①工业－知识产权法－研
究－中国　Ⅳ.①D923.4

中国版本图书馆 CIP 数据核字（2017）第 217760 号

书名　**工业产权与版权制度研究**

著　　者　张建鹰
出　　版　四川大学出版社
地　　址　成都市一环路南一段24号（610065）
发　　行　四川大学出版社
书　　号　ISBN 978－7－5690－1125－8
印　　刷　四川盛图彩色印刷有限公司
成品尺寸　148 mm×210 mm
印　　张　8.125
字　　数　225 千字
版　　次　2017 年 9 月第 1 版
印　　次　2018 年 8 月第 2 次印刷
定　　价　38.00 元

◆读者邮购本书，请与本社发行科联系。
　电话:(028)85408408/(028)85401670/
　(028)85408023　邮政编码:610065
◆本社图书如有印装质量问题，请
　寄回出版社调换。
◆网址:http://www.scupress.net

前　言

　　中国知识产权是在世界排名非常靠后的情况下起步发展的，到 20 世纪 90 年代末期至 21 世纪初期才开始逐渐赶超发达国家。至今我国专利申请总数已经远远超过了美国和日本的总和，我国已经是全球最大的专利申请国，也是世界商标大国。

　　利益平衡是知识产权保护的重要支点，平衡的中心点是如何创作和创新，尤其在大数据和互联网时代，大数据对政治、经济、文化领域的影响不容小觑，这给知识产权保护带来严峻挑战。本书力图通过对最新制度规定和司法的解释来明确知识产权权利的界限及侵权的判定，正确认识商标、专利、作品的权益及界限对于复杂环境下的知识产权维护的重要性。

　　本书用四章介绍了专利制度，将专利技术和技术秘密进行分析对比，对技术秘密的特点及保护措施进行了论述，在专利权利限制的部分和在专利侵权判断的问题上，主要参考了北京市高级人民法院《专利侵权判定指南（2017）》的规定。本书的第五章到第八章是关于商标制度的探讨，这部分内容关注了企业名称、地理标志、通用名称相关问题，对损害在先权利的商标注册和商标抢注行为进行了重点阐述，介绍了商标的注册管理，并根据 2017 年 1 月 4 日修订的《商标审查及审理标准》和 2017 年 3 月 1 日起施行的《最高人民法院关于审理商标授权确权行政案件若干问题的规定》审视、判断商标使用和侵权。本书的第九章到第十二章是关于版权制度的探讨，主要介绍了技术保护和版权保护的差异，对商品化权益的相关问题进行了分析，介绍了违禁作品、实用艺术品，以及新闻视频的版权问题，关注了大数据和云端版权，并根据最新的司法解释，分析了网络侵权的判定。本书还使用了近年来发生的知识产权的经典案例作为探讨商品化权益、地理标志和网络侵权等问题的重要素材。好的判决就是最好的法律导向，在此向这些优秀的法官致敬。

本书主要从知识成果对象的特殊性探讨三大核心成果的保护范围，从权利内容及限制探讨商标权、专利权、版权作为私权利与公共利益的边界，从商标、专利的申报和审查制度探讨取得商标权、专利权的条件和技巧，从三种知识成果的管理探讨自主知识产权创新和维护手段，从知识产权的保护探讨商标侵权、专利侵权、版权侵权、网络侵权。

知识产权之路，任重而道远！

目　　录

第一章　专利技术与技术秘密

第一节　专利技术

专利技术是指经国家知识产权局审查授权获得的发明创造。专利是一项发明创造的首创者所拥有的受保护的独享权益。专利技术是处于有效期内的专利所保护的技术，包括发明专利和实用新型专利所保护的技术，专利技术公开专有。

一、专利的特点

（一）专利具有鲜明的独占性

在知识产权领域中，两人创作同样主题的作品，可以同时拥有版权，但是两人独立完成的相同主题的技术却不可以同时拥有专利，相比于版权而言专利的独占性更强。

（二）专利的客体具有公开性

专利的获得以申请人公开技术为代价，以权利人向社会公开发明成果为条件。专利技术的公开可以使公众获取技术信息、促进新的研究和创造。例如，甲开发数码新产品，丙公司与甲进行技术交易，乙依专利说明书了解新技术，三者均可以通过公开的专利文献进行相关活动，促进技术进步。充分合理地利用专利文献主要是通过作为公开出版物的专利文献了解最新的技术活动，这些公开的方式主要有专利申请说明书、专利说明书、实用新型说明书、工业品外观设计说明书、专利公报、专利索引等。一般而言，公开的专利文献对社会技术进步的影响主要通过下列六种方式。

第一，专利文献为开发新技术提供线索和借鉴，避免重复研究。专利文献记载着技术发明的详细内容，是有价值的技术情报。世界知识产权组织（WIPO）的研究表明，经常查阅专利文献可以缩短60%的研究时间，节省40%的研究经费。科技工作者利用专利文献一方面避免重复研究，另一方面可以在专利文献的启发下，在较短时间和较少资金投入的情况下开发新产品、新技术。因此，专利文献对新产品开发意义重大。

第二，利用专利文献进行专利性检索。一项新发明在申请专利之前，申请人或代理人一般要进行专利性检索，以便更清楚地了解该发明是否具有新颖性和创造性，从而对是否申请专利做出决策。专利性检索主要是检索相关的专利文献和专业期刊。国际专利合作条约（PCT）规定7个国家和2个组织的专利文献和100多种专业刊物为最低文献量。这7个国家和2个组织是美国、日本、俄罗斯、德国、英国、法国、瑞士，以及欧洲专利组织和专利合作条约组织。

第三，发明人在申请专利前先进行查询、检索工作，可及时了解和掌握同行业技术成果中受到法律保护的范围及权利状态等多项内容，从而在申请专利时灵活地撰写所申请保护的核心技术或产品的权利要求书和说明书，并对权利保护范围有针对性地加以变动和调整，避开侵权陷阱，最终提高专利申请的成功率，使发明成果获得授权和最大限度的权利保护。

第四，借助专利文献为技术进出口贸易提供法律保障。专利文献是进出口贸易必不可少的情报资料。进行技术或产品贸易时，首先要通过查找专利来比较、分析和研究各国、各公司的技术水平，市场范围和竞争能力，评价外商所持项目的虚实、法律状况和经济价值等。从而可以争取主动，避免盲目引进，也可以避免在出口贸易中侵犯他人专利权、损害公司利益，由此造成不必要的损失。例如，我国的 DVD 产品在国外销售被征收高额的专利许可费，就是没有仔细研究相关专利信息的例子。

第五，通过专利文献了解技术发展动向。通过对专利文献的查询与检索，企业可以及时了解相关技术的最新发展方向、成果及整个行业的发展趋势，了解自身的最新科研成果是否已被同行业的竞争对手申请过专利，或类似技术是否已成为失效专利。这样，企业就可以避免技术上的重复开发，节约宝贵的科研资金。

第六，通过对本行业技术领域发展方向和趋势的研究，企业可及时调整企业战略，制订新的研发计划，这对于企业的决策和未来发展有举足轻重的意义。

（三）专利具有法定授权性

发明专利不能自动获得，须经国家知识产权局逐一审查后，才能依法定程序授予获得，因而专利起点高，保护水平高。相比较而言，著作权是自动获得，起点较低，因而保护水平也较低。

（四）专利的效力具有局限性

相比版权，专利的地域性限制更加突出。保护版权的《伯尔尼公约》对缔约国实行自动保护，而保护工业产权的《巴黎公约》仅要求在专利申请方面对其他缔约国的申请人实行国民待遇，并未要求保护专利。

二、可授予专利权的对象

根据《中华人民共和国专利法》（以下简称《专利法》）的规定可授予专利权的对象，主要有发明、实用新型和外观设计三种类型。

（一）发明专利

专利法所称发明，是指对产品、方法或者其改进所提出的新的技术方案。发明应当具有以下特征：发明是技术领域的创造。发明是技术方案，而不是抽象的科学规律，是指通过智力劳动创造或设计出了前所未有的东西。

未解决技术问题、未利用技术手段，或者未获得技术效果的涉及计算机程序的发明专利申请，不属于《专利法》第2条第2款规定的技术方案，因而不属于专利保护的客体。

2017年4月1日开始实施的新版《专利审查指南》把专利保护范围扩展至含有技术特征的商业模式、商业方法。例如，开发者设计了单车的GPS定位系统和与智能手机相连的开锁系统，该项发明作为一个整体包含了技术方案，则可能被授予专利权。但是单纯的"共享单车"的商业模式，由于不含有技术方案，不可能被授予专利权。

发明必须是一种符合法律要求的技术方案。发明方案必须符合专利法要求的三性才能作为一项可提出申请的技术方案而得到支持。

发明的种类及其意义如下：

（1）产品发明。产品发明包括新材料、新物质、新产品的技术方案，也包含新用途的技术方案。例如，某公司开发含氟化合物新用途，已将氟化合物广泛应用于毛衣处理剂、防水处理剂、回收轮胎和塑料光导纤维电缆的各种产品中。

（2）方法发明。方法发明是指把一种物品或者物质改变成另一种状态或另一种物品或物质所利用的手段和步骤的发明。

（3）改进发明。改进发明是对已有产品、方法的改进所做出的技术方案。例如，在爱迪生发明了白炽灯后，美国通用电气发明了给白炽灯冲惰性气体的方法，就属于改进发明。

发明的分类使得相关技术的申报、提交、审查、保护等具有法律意义，主要表现如下：

（1）产品和方法发明提交的文件及文件撰写的内容要求不同。如产品权利要求用产品的结构特征来描述，方法权利要求用工艺过程、操作条件、步骤或流程等技术特征来描述。

（2）产品和方法发明对权利内容的法律表述不同。如产品发明专利的实施权利表达为制造、使用、许诺销售、销售、进口，而方法专利的实施则表达为方法的使用及对依据该方法直接获得的产品的控制权。

（3）侵权举证责任不同。一般情况下，产品发明专利被侵权后，诉讼中的举证责任在原告一方；而新产品的制造方法发明专利权授予后，诉讼中的举证责任在被告一方。《专利法》第61条规定，专利侵权纠纷涉及新产品制造方法的发明专利的，制造同样产品的单位或者个人应当提供其产品制造方法不同于专利方法的证明。

被控新产品制造方法发明专利侵权人的具体证明方法包括：以权利人权利要求书中技术内容为标准，说明自己产品制造方法在技术方案、构思上不同于该专利方法；对自己产品制造方法进行技术分解，提出该方法从局部到整体均不同于专利方法技术方案和构思；将自己制造的产品与专利方法技术方案进行技术比较分析，说明自己的产品制造方法不同于专利方法。

（二）实用新型专利

实用新型，是指对产品的形状、构造或者其结合所提出的适于实用的新的技术方案。

实用新型的特征主要表现为：①实用新型必须是一种具有形状或者构造的产品。形状是指确定的固体形态，无确定形态的液体、气体、粉末、颗粒状的物质和材料不能获得实用新型。构造是指产品的各个组成部分的安排、组织和相互关系，可以是机械构造也可以是线路构造。②实用新型必须具有应用性技术特征，即具有实用价值，可以实施，并可以工业方法再现。③实用新型必须具有一定的创新性，即属于一种新的技术方案，它与现有技术方案相比具有创造性，但对实用新型的创造性要求低于发明专利，因此实用新型俗称小发明。

实际中选择申请实用新型专利或发明专利需要考虑的因素如下：

（1）两者的难度和专利性要求不同。发明的授权难度更大，实质要件中的创造性要求高，一般需数年的时间才能授权；但发明专利的稳定性也更高，面临被宣告无效的可能性更小。反之实用新型专利创造性要求较低，授权容易，但专利的质量也较差，稳定性低，被宣告无效的可能性较大。

（2）两者的保护范围不同。获得发明专利保护的可以是产品发明、方法发明，也可以是改进发明。而实用新型专利保护的范围仅限于对产品的形状、构造或者其结合所提出的适于实用的新的技术方案，不包含方法及无确定形态的产品，因而其申请的范围很局限。

（3）两者的申请审批程序不同。发明专利的申请需对其新颖性和创造性进行实质审查，审查要经过严格的四个程序。而实用新型专利的申请只进行形式审查即可授权，不需要进行严格的实质审查，因而实用新型专利授权快，发生问题通常依无效程序来解决。

（4）两者的保护期限不同。实用新型的专利保护期限为10年，发明专利的保护期限为20年。

（5）提交申请的官费和代理费不同。发明专利的申请费用较高，实用新型的申请费和代理费较低。

一般情况下，技术创造性较大、专利对企业发展较重要的，通常申请发明专利。

（三）外观设计专利

外观设计，是指对产品的形状、图案或者其结合，以及色彩与形状、图案的结合所做出的富有美感并适于工业应用的新设计。

外观设计专利的特点如下：

（1）外观设计必须是对产品的外表所做的设计，即外观设计必须以产品的外表为依托，构成产品和设计的组合，不涉及产品本身的技术性能。实用新型专利保护的范围既涉及产品的外形和外部结构，也涉及产品的内部构造。

（2）构成外观设计的是产品的形状、图案或者其结合以及色彩与形状、图案的结合。

（3）外观设计是适于工业应用的新设计。外观设计把产品作为载体，仅对其外表进行单独设计。实用新型的创造性方案与产品本身融为一体，体现于产品本身。

（4）外观设计必须富有美感。外观设计的目的是利用美学原理达到美感效果，而不重视技术效果。实用新型作为一种技术方案，旨在实现一定的技术效果。

总的来说，外观设计的实质是保护美术思想，是为了推销产品、促进消费、满足公众对产品外观美化的欲望，这使得外观设计专利具有商业价值。发明、实用新型的本质是保护技术思想。外观设计的权利要求书主要以图片和照片来表达，而发明、实用新型的权利要求书主要以文字来表达。

值得注意的是，外观设计的变化中引入了关联外观设计。根据修改后的《专利法》第31条第2款规定："同一产品两项以上的相似外观设计，或者用于同一类别并且成套出售或者使用的产品的两项以上外观设计，可以作为一件申请提出。"《中华人民共和国专利法实施条例》（以下简称《专利法实施条例》）第29条和36条分别规定了"对同一产品的多项相似外观设计提出一件外观设计专利申请的，应当在简要说明中指定其中一项作为基本设计"及"将同一产品的多项相似外观设计作为一件申请提出的，对该产品的其他设计应当与简要说明中指定的基本设计相似。一件外观设计专利申请中的相似外观设计不得超过10项"。

三、不可授予专利权的对象

（一）违反国家法律的发明创造不授予专利

发明创造的目的不能与国家法律相背。例如，赌博的设备、机器或工具，吸毒的器具，伪造国家货币、票据、公文、证件、印章、文物的设备等都不能获得专利。另外，对违反法律、行政法规获取或者利用遗传资源，并依赖该遗传资源完成的发明创造不可授予专利权。

这里的遗传资源，是指取自人体、动物、植物或者微生物等含有遗传功能单位并具有实际或者潜在价值的材料。依赖遗传资源完成的发明创造，是指利用了遗传资源的遗传功能完成的发明创造。依赖遗传资源完成的发明创造申请专利的过程中，申请人应当在请求书中予以说明，并填写国务院专利行政部门制定的表格。《生物多样性公约》明确规定取得遗传资源的决定权属于各国政府，遗传资源的取得需经提供这种资源的缔约国事先知情同意。

（二）违反社会公德的发明创造不授予专利

社会公德是限于中国境内的一种传统道德，一种为公众普遍认为是正当的并被接受的伦理道德和行为准则。如带有暴力凶杀或者淫秽的图片或者照片的外观设计，非治疗目的的人造性器官或者其替代物等发明创造就不能授予专利。

（三）妨害公共利益的发明创造不授予专利

妨害公共利益的发明创造是指会给公共或社会造成危害，或会使国家和社会的正常秩序受到影响的发明创造。例如，一种会严重污染环境、破坏生态平衡的产品或方法；一种申请专利的文字或图案涉及国家重大政治事件或宗教信仰，伤害人民感情或民族感情或宣传封建迷信的；一种目的在于使盗窃者双目失明的防盗装置及方法等就不能获得专利，等等。

（四）科学发现不适合授予专利

科学发现是指对自然界中客观存在的现象、变化过程及其特性和规律的揭示。科学发现与发明创造的区别在于所属领域不同。专利的发明属于技术领域，适用的规范是专利法；发现是更为广义的科学领域，这种现象和规律不是具体的技术方案，因而不适合授予专利。科学发现基于其贡献，其适用的规范可以是版权法或科技进步奖励条例等。例如，发现卤化银在光照下有感光特性，不能授予专利；但是根据卤化银在光照下有感光特性制造出了感光胶片，此感光胶片的制造方法是具体的技术方案，因而可以取得专利。

（五）智力活动的规则和方法不适合授予专利

智力活动，是指人的思维运动对信息进行判断、分析、识别、记忆的规则和方法。它源于人的思维，经过推理、分析和判断产生出抽象的结果，或者必须以人的思维运动作为媒介，间接地作用于自然产生结果。智力活动的规则和方法不授予专利的原因是没有采取技术手段或利用自然法则，也未解决技术问题和产生技术效果。如一种 Q 进制运算法，一种组织、生产、商业实施和经济等管理的方法及制度，交通行车规则、时间调度表、比赛规则，一种演绎、推理和运算的方法都不能获得专利。但进行智力活动的产品发明是可以获取专利的，如一种魔方玩具作为开发智力的玩具是可以取得专利的。

根据 2017 年的《专利审查指南》规定，如果一项权利要求在对其进行限定的全部内容中既包含智力活动的规则和方法的内容，又包含技术特征，则该权利要求就整体而言并不是一种智力活动的规则和方法，不应当依据《专利法》第 25 条排除其获得专利权的可能性。例如，涉及商业模式的权利要求，如果既包含商业规则和方法的内容，又包含技术特征，则不应当依据《专利法》第 25 条排除其获得专利权的可能性。

如果一项权利要求仅仅涉及一种算法或数学计算规则，或者计算机程序本身或仅仅记录在载体（如磁带、磁盘、光盘、磁光盘、ROM、PROM、VCD、DVD 或者其他的计算机可读介质）上的计算机程序本身或者游戏的规则和方法等，则该权利要求属于智力活动的规则和方法，不属于专利保护的客体。

仅由所记录的程序本身限定的计算机可读存储介质或者一种

计算机程序产品，或者仅由游戏规则限定的、不包括任何技术性特征，如不包括任何物理实体特征限定的计算机游戏装置等，由于其实质上仅仅涉及智力活动的规则和方法，因而不属于专利保护的客体。但是，如果专利申请要求保护的介质涉及其物理特性的改进，如叠层构成、磁道间隔、材料等，则不属此列。

（六）疾病的诊断和治疗方法不适合授予专利

疾病的诊断和治疗方法是指以有生命的人体或动物为直接实施对象，进行识别、确定或消除病因或病灶的过程。对此不授予专利的原因，一方面是考虑人道因素，另一方面是疾病的诊断和治疗方法无法在产业上利用（直接以人或动物体为实施对象）。但是，诊断和治疗的仪器、设备、药品等是可以申请专利的。如一种治疗骨折的新式夹板、一种 B 超机器、一种治疗心脏病的新药、一种手术器材是可以申请专利的，而鸡尾酒疗法、诊断肺病的方法、诊脉法、X 光诊断法、心理疗法、超声诊断法、胃肠造影诊断法、外科手术方法、人工呼吸方法等都不能申请专利。

（七）动物和植物新品种不适合授予专利

《专利法》所称的动物是指不能自己合成，而只能靠摄取自然的碳水化合物及蛋白质来维系其生命的生物。《专利法》所称的植物是指可以借助光合作用，以水、二氧化碳和无机盐等无机物合成碳水化合物、蛋白质来维系生存，并通常不发生移动的生物。

对此不授予专利的原因主要是有其他法律保护，如《植物新品种保护条例》。另外，动物和植物受环境和自身遗传因素的极大影响，因而具有个体差异性，无法实现产业上的重复实施，但动物和植物品种的生产方法可以授予专利，该生产方法指非生物学的方法。

（八）用原子核变换方法获得的物质不适合授予专利

用原子核变换方法获得的物质是指通过原子核裂变和核聚变

获得的物质。对此不授予专利的原因是关系到国家的经济、国防、科研和公共生活的重大利益，该种利益不宜为单位或私人垄断。

另外，专利申请涉及国防利益需要保密的，由国防专利机构受理并进行审查；国务院专利行政部门受理的专利申请涉及国防利益需要保密的，应当及时移交国防专利机构进行审查。经国防专利机构审查没有发现驳回理由的，由国务院专利行政部门做出授予国防专利权的决定。国务院专利行政部门认为其受理的发明或者实用新型专利申请涉及国防利益以外的国家安全或者重大利益需要保密的，应当及时做出按照保密专利申请处理的决定，并通知申请人。保密专利申请的审查、复审以及保密专利权无效宣告的特殊程序，由国务院专利行政部门规定。

（九）对平面印刷品的图案、色彩或者其结合做出的主要起标识作用的设计不适合授予专利

平面印刷品主要是平面包装袋、瓶贴、标贴等装入商品或附在商品上的物质载体。起标识作用的设计可以用商标法保护。此规定排除了大量的垃圾专利。

第二节　技术秘密

技术秘密一般是指保密技术，是指的权利人采取了保密措施，公众通过开放渠道不能获取的具有经济利益的技术信息。具体可以表现为某种方法、方案、工艺、参数、经验、公式、数据等，世界贸易组织（WTO）的《与贸易有关的知识产权协议》（TRIPS 协议）将技术秘密统称为未披露过的信息。

《美国统一商业秘密法》认为："商业秘密是指这样的信息，它包括配方、模式、汇编、程序、设计、方法、技术或工艺等各种信息。第一，将独立导致实际的或潜在的经济价值；第二，持有人尽了合理的努力去维持它的秘密性。"

在法国，商业秘密被定义为："制造的各种方法，具有实际的或商业级利益，被用于工业中，并被向公众保密。公众无法直接得知，但可获得传授的技术知识。"

在德国，商业秘密在《公平竞争法》中被规定为"应符合不公开，有守秘意愿及正当的守秘利益"，所谓"不公开"是指仅有限定的人知悉。所谓"守秘意愿"是指商业秘密持有人应有排除外人知悉秘密的意愿，并应有适当的守秘措施。所谓"正当的守秘利益"是指该秘密有助于提高企业的竞争利益。

日本在1990年修改后的《不正当竞争防止法》中规定，商业秘密是指对于商业活动有用的产品制造方法，市场营销策略或其他技术或企业信息，而这些信息必须以秘密方式保守，并且不易为一级公众得知。

在世界知识产权组织所拟定的《发展中国家保护发明示范法》中把商业秘密定义为"有关使用和适用工业技术的制造工艺和知识"。在TRIPS协议中，把商业秘密定义为"未公开的信息，这些未公开的信息，应当具有保密性，并具有商业价值"。

一、技术秘密的特点

技术秘密的概念源于商业秘密，技术秘密是商业秘密的主要组成部分，可包括制造技术、生产工艺、设计图纸、产品配方、模型、设备配置、材料选购、技术水平、技术精力、新技术和替代技术的预测、专利动向等方面的知识和经验。技术秘密是符合下列条件的技术信息。

（一）该技术信息不为公众所知悉

该技术信息不为公众所知悉即技术的秘密状态，是权利人掌控的未开放的，也不能通过公开渠道获取的信息，该信息的利用只有权利人或经权利人许可的人才能够使用。

"不为公众所知悉"即秘密性，是商业秘密中的技术秘密构成要件中最为关键一点。没有秘密性，商业秘密中的技术秘密则无从谈起。侵害商业秘密纠纷案件中"秘密性"具体表现为"秘密点"的寻找与确定，商业秘密权利人起诉前应当明确自身商业秘密的"秘密点"所在是胜诉的基本保证。

寻找商业秘密点的原则是，能够涵盖被告所使用的技术信息或经营信息，同时该秘密点在公开渠道无法获得。在正确寻找秘密点的前提下，还要合理确定秘密点的数量。秘密点不在乎多，而在于精。秘密点，更多情况并非指一项技术方案，而是技术方案中的某一技术特征、某一关键点，如温度、尺寸等。

秘密点的寻找与确定一般在起诉之前完成，"秘密点"的寻找与确定如不事先完善，原告在法庭上面对被告一项项的公知技术抗辩，效果和结果可想而知。况且法庭也不会允许商业秘密权利人主张所有的技术均是"秘密点"，法庭调查的焦点往往是商业秘密的秘密点是什么。商业秘密权利人主张所有技术信息均是秘密点，既不专业，也达不到制止被告侵权的目的。秘密点的寻找及成立与否往往是原被告双方的争议焦点所在，也是诉讼成败之所系。寻找秘密点通常可以通过代理律师和商业秘密权利人寻找，也可以在立案前求助于司法鉴定机构。

（二）该技术信息具有实用性和价值性

该技术信息具有实用性和价值性，即该技术信息具有实用性可以为技术秘密的拥有者带来相应的经济利益，如一种破碎机的上工图纸、一种镶嵌钻头合金的制造工艺、一种技术诀窍等用于生产中所产生的经济价值和实用价值。价值性是技术秘密现在或将来的使用，可以给技术秘密的权利人带来现实或潜在的竞争优势，它可以是权利人正在使用的也可以是权利人控制但尚未使用的技术。

（三）该技术信息权利人采取了保密措施

该技术信息权利人采取了保密措施，即该技术是不对外开放的信息，权利人通过设施及相关制度封锁技术信息对外传播。技术秘密一旦公开就失去存在价值，权利人应当采取有效措施保存和维护技术信息，防止泄密。一旦涉及纠纷，权利人需证明其是自己控制的采取了保密措施的技术。

即使技术秘密权利人的技术秘密具有秘密性，如果不采取保密措施，使技术秘密处于想得知就能得知的状态，技术秘密权利人主张防止侵害技术秘密的目标同样无法实现。权利人采取的保密措施并非要做到天衣无缝，只要做到"合理"即可。所谓"合理"是指采取的保密措施应当与该信息的技术价值等具体情况相适应。保密措施的合理性判断只能在个案中综合具体情况来认定。人民法院会根据所涉信息载体的特性、权利人保密的意愿、保密措施的可识别程度、他人通过正当方式获得的难易程度等因素，认定权利人是否采取了合理的保密措施。一般应注意以下两方面。

一是权利人应采取与其主观保密意图相适应的保密措施，权利人采取的保密措施应当表明权利人保密的主观愿望，并明确作为技术秘密保护的信息的范围，使义务人能够知悉权利人的保密愿望及保密客体，并在正常情况下防止涉密信息泄露。

二是权利人采取保密措施时应明确区分技术秘密与竞业限制。竞业限制义务，是基于当事人之间的约定而产生，并以支付经济代价为前提，没有约定则没有此义务，没有代价亦无此义务。《劳动合同法》规定的竞业限制的期限一般是两年。保密义务属于法定义务，目的是防止侵犯权利人的知识产权，并不需要以支付保密费作为代价。

由此可见，违反竞业限制义务并不必然违反保密义务，反之，员工解除竞业限制重新择业，并不影响其继续承担技术秘密的保密义务。所以，原告仅以竞业限制协议要求员工承担保密义务是不可取的，这混淆了竞业限制义务与保密义务。

（四）技术秘密权利的不确定性

技术秘密权利的不确定性，即技术秘密的非专有性和归属的不确定，由于技术秘密的产生和成熟都处于不为人公知的状态，加之技术秘密的权利有时是相对的，而又依赖人的智力创造，所以，技术秘密的归属有不确定性，更多是倾向于人为约定。

综上所述，技术秘密所有者，在加大技术研发投入的同时，权利人思想上一定要树立加强技术秘密保护的意识，并保持与行动的一致性。按照《最高人民法院关于审理不正当竞争民事案件应用法律若干问题的解释》第 11 条规定，采取一项或多项保密措施，应从秘密性、秘密点、同一性、保密措施等多方面入手，而不是想当然地认定自己的技术信息构成技术秘密。

技术秘密的拥有人主要有如下 7 种权利：

（1）技术秘密的使用权，即拥有人可以将该技术秘密用于自己的科学研究、生产实践中。该技术秘密涉及产品的，可以用于制造产品，涉及工艺的，可以用于工艺过程设计。

（2）技术秘密的转让权，即拥有人可以根据自己的意愿，将该技术秘密转让给他人使用。为了保护自己的权益，转让时必须订立技术秘密的转让合同。

（3）技术秘密的公开权，即拥有人可以将技术秘密向公众公开，使之成为公有技术。一般在自己既不想独占，但又要防止他人申请专利的情况下采取这种措施。

（4）技术秘密的申请专利权，即在专利性允许的前提下，拥有人申请专利可以保持自己对该技术的独占。

（5）技术秘密的获得荣誉权，即当使用该技术秘密具有重要科学意义或者产生重大经济价值，而对社会做出贡献时，拥有人有权获得各种奖励、表彰等荣誉。

（6）技术秘密的经济收益权，即当该技术秘密转让给他人使用，或者根据国家需要指定由他人使用时，拥有人有权依法获取经济收益。

（7）技术秘密的有限禁止权，即当他人以不正当手段（如贿赂、窃取）获取技术秘密，并加以使用时，技术秘密拥有人可以要求其停止侵害活动，赔偿损失，必要时可以向人民法院起诉，请求法律救济。但这种禁止权的行使范围是有限的，即对其他合法拥有者，不能行使禁止权。拥有人行使禁止权时必须有充分的证据。

二、侵犯技术秘密行为的表现

侵犯技术秘密行为主要是依据《中华人民共和国反不正当竞争法》（以下简称《反不正当竞争法》）第 10 条关于侵犯商业秘密的规定来确定。《反不正当竞争法》《中华人民共和国刑法》（以下简称《刑法》）及《中华人民共和国合同法》（以下简称《合同法》）都对侵犯商业秘密行为做出了界定。《反不正当竞争法》是对商业秘密侵权行为提起民事诉讼或要求行政处罚的主要法律依据。侵犯技术秘密的行为主要表现在以下三个方面。

（1）以盗窃、利诱、胁迫，或者其他不正当手段获取权利人的技术秘密的行为。例如，窃取技术图纸或技术资料，掌握单位技术秘密的人员擅自盗窃、泄露、转让本单位所拥有的技术秘密，以优厚条件聘用或调进有关单位了解、掌握技术秘密的人员从而获取对方单位的技术秘密为其开发新产品、改进新工艺，贿赂、收买对方单位的技术人员从而获取对方单位的技术秘密或者记录有技术秘密的资料，等等。

（2）披露、使用或者允许他人使用以盗窃、利诱、胁迫或者其他不正当手段获取的权利人技术秘密的行为。例如，参与科研开发项目的技术人员或管理人员，将开发获得的技术秘密资料私自泄露给他人，使他人能按照该技术秘密资料得以实施；把单位的技术作为个人的技术私自转让给他人，等等。如某技术人员在业余兼职中使用本单位的技术秘密，某工程师在原单位负责一种新的仪器的设计工作，后又以个人名义承接了同种仪器的开发任务，他利用两个星期的业余时间完成了设计任务，提交了设计图纸，而这设计图纸与其所负责的仪器的设计图纸基本一致。这些行为实际上构成了对单位技术秘密的侵犯。

（3）违反约定或者违反权利人有关保守商业秘密的要求，披露、使用或者允许他人使用其所掌握的技术秘密。如张三将与李四合作期间掌握的图纸资料卖给王五，张三与李四两年合作期满后，李四继续使用该技术。合同当事人的侵权，主要是违反合同的义务，擅自将商业秘密转让给他人使用，或擅自公开以及其他违约行为。

第三人明知或者应知上述所列违法行为，获取、使用或者披露他人的技术秘密，也视为侵犯技术秘密行为，如在报纸、网站或其他媒体上传播商业秘密。

三、技术秘密和专利技术的区别

技术秘密和专利均属于人类智力活动的成果，具有价值和使用价值，但是专利技术和技术秘密在很多方面均不同，影响权利人对技术保护方式的选择，具体而言其不同点如下。

（一）技术秘密和专利技术法律地位不同

技术秘密不具有排他性，无权阻止他人使用通过正当途径发现和获知该技术，不能对抗反向工程。但是专利技术却具有强烈的排他性，专利权利人一旦取得专利，就可以对抗一切与其技术相同的技术的实施，可以对抗反向工程和自主研发的该技术的使用。在专利法律上来说，专利权人是该技术唯一的使用者。

（二）技术秘密和专利技术的技术状态不同

技术秘密是不公开的技术，是保密状态，一旦公开则技术秘密终止。只要保密工作做得好，权利人可以长期持有和控制该技术。而专利技术则是处于开放状态的技术，公众是可以通过公开的专利文献进行相关活动的，如利用专利文献中的技术资料进行学习、研究和模仿，利用专利文献中的技术资料进行新产品研发，利用专利文献明晰技术交易活动中的信息和法律风险。另外，技术秘密的保护界限难以像专利那样确定。作为专利，其技术内容通过专利说明书描述，法律保护范围由权利要求书确定。判断该专利是什么，他人是否侵犯专利，可以专利申请文件作为法律依据。技术秘密则处于保密状态，不向国家相关机构办理登记手续。而且该技术秘密随着时间的推移可以不断改进、完善。因此，技术秘密本身可能处于动态变化之中，对该技术秘密范围的确定又往往缺乏法律依据，从而造成判断困难。这对技术秘密侵权纠纷的处理带来相当难度。

（三）技术秘密和专利技术的法律要求不同

法律保护的技术秘密一定要达到一定质量，即技术秘密要求达到一定的新颖性和非显而易见性，在较长的时间内，不易被他人总结、研究而被知晓，因此技术秘密不能是公知常识或公知通用知识、信息或资料，以及根据通用知识显而易见得到的技术。专利技术的法律要求是，专利技术不能是现有技术或抵触技术，而是具有新颖性、创造性、实用性的技术。

（四）技术秘密和专利技术权利期限不同

技术秘密的保护以其保密状态的存续时间为准，只要严守秘密，不被新技术取代，不对外开放，其时间就没有限制，可以无限期存在，这是技术秘密的优势，也是其受青睐的原因。而专利技术则是有严格时间限定的，发明专利受保护期限为 20 年，实用新型和外观设计专利只法律保护 10 年，超出保护期限不能续展，进入公有领域，任何人都可以使用，也不需要付费。

（五）技术秘密和专利技术保护水平不同

技术秘密无排他性，保护水平较差，主要的权利是阻止他人以不正当手段使用其技术，无权阻止他人通过正当途径发现和获取该技术并进行使用。技术秘密主要是通过合同法和反不正当竞争法等多种法律相互补充而获得保护，其法律适用较复杂。技术秘密拥有人靠保密手段来保护其秘密性，从而维护其技术权益。

在技术转让活动中，主要靠合同的保密条款加以保护。这些保护远不如法律的直接保护强而有力，如果保密措施失当，致使技术泄露，将造成不可挽回的损失。如果他人通过正当手段获得了该技术秘密，加以公开，或者申请专利，都将对原拥有人造成威胁。因此，采用技术秘密的形式保护发明创造具有一定的风险。而专利具有独占排他性，保护水平较高，可以对抗他人非授权的使用，适用专利法，可得到全面保护。

（六）技术秘密和专利技术维持手段不同

技术秘密的维持主要靠加密设备、技术分拆、化整为零、保密制度、保密协议等手段，而专利的维持手段很简单，就是交纳专利维持费，即专利年费，维持专利有效就可以保护专利。

四、保护技术秘密的措施

如前所述，技术秘密价值对权利人的利益有重大影响，而技术秘密的特点决定如果对技术秘密不加以防护，权利很容易受到侵害。对权利人来说可以通过下列方式维护技术秘密。

（一）开展信息安全教育，标记保密标志和限制访问

开展信息安全教育，使企业员工认识到公司信息保密的重要性，其保守技术秘密的职责，以及泄密将面临的后果，是保护技术秘密的基本措施。

定期对员工进行书面和口头提醒，以保证技术保密的要求获得严格遵守和执行。信息安全政策应当包含机密信息分类和识别系统。机密文件应标明保密标志，从而可以提醒员工对该信息保密。如果员工违反规定，标明保密标志可以帮助企业向法院证明其已采取适当措施保护技术秘密，这也是技术秘密侵权案件的立案要素之一。

（二）签订保密协议

保密协议是当事人主张权利的有力证据，通常企业或雇主应

当与自己的员工、雇员或承包商签订保密协议。该协议应明确指出，员工、雇员或签约方在技术方接触到的所有信息（包括雇员自身信息）属于技术方，员工、雇员和签约方有义务不向第三方披露或导致第三方知悉该信息。如果书面协议中没有明确规定该义务，即使技术方认为该义务是合同的附随义务，技术方可能也无法在法院强制执行其权利。在合作开发、委托开发技术前，明确保密义务，签订保密协议，在技术秘密许可转让中无论是排他许可还是普通许可均要明确保密条款和适用范围，要防止零部件外委加工中的技术秘密泄露。

如果对方违约，协议内容可以帮助技术方向法院证明其已有的保密要求和对协议的违反，这也是商业秘密侵权案件的立案要素之一。

（三）防止研发中技术秘密的泄露

在研发初期，新技术的研发目的、意图和思路不对外交流，研究中注意对技术资料的数据、实验结果的保存和保密，缩小接近核心机密人员的范围，对核心机密分拆管理，不要集中在一个人手中，形成的成果要及时登记，按要求管理技术秘密相关的技术文件。

（四）保护技术秘密应防止技术人员跳槽，提高员工忠诚度

员工是技术秘密的最大威胁，在许多情况下，员工将技术秘密出售给竞争对手或者将商业秘密提供给新的雇主，而该雇主往往是前雇主的竞争对手。因此，员工忠诚度低且员工流动率高的企业面临更大的技术秘密侵权风险。对此应对的措施主要有：提高涉密人员的福利待遇，增加归属感；签订一对一保密协议，明确保密义务和竞业限制义务，制定合理的不得跳槽的时限及奖惩。

（五）保护技术秘密应合理掌握员工活动

建立计算机使用及技术秘密载体的管理制度，对于重要的信

息采用先进物理隔离手段加以防范，员工从企业的计算机向外部存储设备复制大量信息或者试图获取其无权知悉的信息时，企业的计算机会向其做出警示性提示。

除了主动防止技术秘密泄露，如果技术秘密已经受到侵犯，技术方可以通过下列途径寻求技术秘密侵权救济：向有关行政主管部门举报，要求行政处罚；在法院提起民事诉讼，要求行为人承担停止侵害、赔偿损失等民事责任；情节严重构成犯罪的还可以依法承担刑事责任。

五、侵害技术秘密纠纷案件损失额的计算

侵害技术秘密损失的认定，需要注意技术秘密本身的特性和价值。技术秘密具有秘密性而使权利人获取经济利益和竞争优势，技术秘密的价值更多体现在其秘密性上。因此，侵害技术秘密给权利人造成的损失不仅直接反映在因侵权而使产品销售数量减少、市场份额萎缩等方面，还包括技术秘密被公开后，其本身价值的减损。

侵权行为导致技术秘密已为公众所知悉的，应当根据该项技术秘密的技术价值确定损害赔偿额。技术秘密的技术价值，根据其研究开发成本、实施该项技术秘密的收益、可得利益、可保持竞争优势的时间、市场前景和供求关系等因素确定。但是在权利人损失数额认定时应该注意以下五方面。

（一）技术信息没有丧失秘密性前提下研发成本不应认定为技术秘密权利人的损失

在某侵犯商业秘密罪案件中，侵权人违反保密规定，获取并使用权利人的商业秘密技术，但尚未销售，尚未对外披露商业秘密。在权利人的损失及侵权人的获利难以查清时，法院认为侵权人的行为势必造成商业秘密权利的技术许可使用费的损失，经侦查机关委托相应鉴定、评估机构证实，权利人被侵犯的商业秘密技术许可使用费是 218 万元。法院认为，可参照商业秘密的开发

成本、技术许可使用费等因素合理确定损失数额。

法院的上述认定忽略了商业秘密仍处于保密状态的客观事实，在技术信息没有丧失秘密性前提下研发成本、技术许可费等不应认定为商业秘密权利人的损失。只有在商业秘密被公开、导致商业秘密丧失其秘密性，或导致权利人对商业秘密的使用不可控制的情形下，才能将商业秘密的自身价值作为重大损失予以认定。因为商业秘密的本质是信息，并不因为侵权人的不法占有而使权利人完全丧失对商业秘密的所有权，应当根据商业秘密被侵犯的程度，也就是秘密泄露的范围、使用者的多少等情况来综合考量。

（二）转让商业秘密的所得可认定为权利人的损失

在李某侵犯商业秘密案件中，被告人通过转让技术秘密，获得了研发费用人民币 588 万元，法院认为，根据《反不正当竞争法》第 20 条规定，在侵权行为所造成损失难以计算的情况下，赔偿额为侵权人在侵权期间所获得的利润。以被告人从权利人获取的研发费用作为权利人在本案所遭受的损失，是符合法律精神的。

以技术秘密作为标的物进行转让交易的行为，严重侵犯了商业秘密权利人的权利，可以以技术转让费或者支付研发费用等直接作为权利人的损失。侵权人因侵权行为获得的利润对于违法使用商业秘密进行生产经营活动的，以其获得或增加的利润为赔偿额，侵权人因侵权所获得的利益一般按照侵权人的营业利润计算，对于完全以侵权为业的侵权人，可以按照销售利润计算，当利润率无法查明时，可委托评估机构进行评估。

（三）权利人的损失并不与侵权人获利相等同

技术秘密并不具有垄断性，权利人拥有技术秘密并不代表着其他竞争者不能拥有同样的技术秘密。以侵权人销售产品的数量作为权利人销售的数量，需要以拥有技术秘密的产品不是由权利人生产的就是由侵权人生产的，两者存在非彼即此的替代关系的条件来确定。如未有证据表明权利人的技术秘密具有唯一性，也未有证据反映该技术领域只有权利人和侵权人两家公司，相反有证据表明存在多家同业竞争者时，由于其他的同业竞争者会满足购买者的需求。因此，侵权人销售产品的数量也不必然意味着权利人会少销售同样数量的产品。

（四）以侵权人所获利润计算权利人的损失

侵犯商业秘密行为侵犯的是权利人无形财产权，与侵犯有形财产权不同，其损失并不一定表现为财产的直接减少，而是体现为无形财产价值的贬损和产品销售市场的侵占，继而造成权利人在正常情况下获利的减少。侵权行为人因侵权行为所获利益实际上就是商业秘密权利人的损失。

在某电子科技有限公司侵犯商业秘密罪案中，法院判决采用"侵权人销售与权利人相同型号产品的数量×权利人相应型号产品的平均毛利率＝权利人经济损失"的方法，该认定方法符合法律规定侵权产品没有标价或者无法查清其实际销售价格的，按照被侵权产品的市场中间价格计算的认定标准。此类认定方法为司法实践中常用方法，确定了商业秘密权利人的经济损失可按照商业秘密权利人因被侵权所丧失的预期利润或者侵权人所获利润计算的认定标准。

（五）赔偿数额参照技术秘密使用许可的合理使用费

参照许可使用费倍数来确定赔偿数额，关键是要审查许可使用合同的真实性和合理性，防止商业秘密权利人与他人串通虚构以向侵权人收取巨额赔偿。对许可使用费真实性、合理性的审查，一方面要全面、公正、合理地评价商业秘密的价值，另一方面要考虑许可人与被许可人之间的关系、许可费的支付方式、支付期限、许可方式、许可年限及规模、范围、被许可人的实际履约能力及许可合同有否实际履行等情况。如果经审查，对许可使用费的真实性、合理性存有怀疑的，对许可费可酌情降低或不予采用。此外，《专利法》还规定在上述方法无法准确认定的情况下，法院具有根据具体案情酌定的法定赔偿方式。

六、技术秘密点的证明与寻找

在技术秘密侵权纠纷案件中，寻找技术秘密点是重要的准备工作，秘密点也是应对被告抗辩和法院审查的关键，技术秘密权利人必须要高度重视。

（一）技术秘密权利人应积极证明和寻找技术秘密点

第一，确定技术秘密范围，即对涉案技术方案做整体把握，剥离出其中已为专利等公开文献披露过的公知技术信息，当然认为包含公知信息与非公知信息在内的整体方案构成技术秘密的除外。

第二，确定技术方案，即案件准备时应从最小技术点向最大技术方案方向整理，但主张时则反其道行之，从较大的技术方案向最小的技术点主张。在秘密点数量较多时，应根据被告使用的概率划分优先级，最有可能为被告使用到的技术点作为第一层级的秘密点进行主张。在主张第一层级秘密点的同时，应注意保留继续主张其他秘密点的权利，并做好第二、第三层级秘密点的整理与准备工作。

为应对被告抗辩以及法庭审查，权利人在筛选秘密点时应尽量细化内容，并将其与该领域公知技术信息进行区分。可以借鉴《专利法》中专利申请人提供书面文件的方式，为自己的技术秘密撰写"权利要求书"，清楚简要地描述技术秘密的具体内容。如主张设计图纸或生产工艺构成技术秘密的，应具体指出设计图纸或生产工艺中的哪些内容、环节、步骤构成技术秘密。

（二）通过司法鉴定的方式确定

在法官普遍缺乏相关技术背景以及专家证人制度尚不健全的

情况下，鉴定意见在一定程度下可以决定法官的判断以及整个案件的走向，因此在遇到难以把握的技术问题时，可以求助于司法鉴定机构。司法鉴定是由国家有关部门认可的鉴定机构就委托鉴定的涉案技术等专业问题提供咨询服务的过程。权利人及代理律师在涉及司法鉴定的问题上应当给予高度的重视，专业律师更应当与知名鉴定机构及鉴定机构专家良好沟通，多听取专家的意见，在立案前做到心中有数，争取立于不败之地。

侵害技术秘密纠纷案件中的司法鉴定主要有两类：一是鉴定原告技术信息在某一时间节点前是否属于非公知信息，二是原、被告的技术信息是否相同或实质性相同。

第一类鉴定是在查新的基础上论证"不为公众所知悉"的过程，即确定秘密点的存在与否的过程。第二类鉴定为同一性鉴定，即便存在商业秘密，如果被告实施的技术信息与原告不同，同样不构成侵害商业秘密。这一点应引起足够的重视，针对"同一性"问题，结合以下案例进行说明。

例如，在某软件科技有限公司与广州某科技开发有限公司侵犯商业秘密纠纷一案中，某省高级人民法院认为专业技术特征不能通过简单的比对得出是否相同或相似的结论，必须通过专业技术鉴定，而该鉴定结论是证明权利人诉讼请求所依据的事实的关键证据，故该鉴定结论的举证责任应由权利人承担。

商业秘密案件中涉及技术信息秘密性时，因涉及专业性问题，有时需要通过司法鉴定或其他专门人员的辅助认定事实。但并不是针对每一个商业秘密类案件的"秘密性"都要进行司法鉴定，只有对采取其他方式难以认定的专业技术事实问题，才需要委托司法鉴定。

例如，在A公司诉B公司侵害商业秘密纠纷案中，某省高院依据侵权人窦某在公安机关笔录中称其是通过从盗窃者手中非法获取权利人图纸信息等商业秘密及权利人大量翔实的证据基础上，认定经营者以盗窃、利诱、胁迫或者其他不正当手段获取权利人的商业秘密，构成侵害商业秘密。法院认定权利人系研发、加工制造空气压缩机的专门企业。权利人聘请专业人才，投入巨额资金，自行研发并取得滑片式空气压缩机制造技术，系国内同行业首创。为避免技术成果对外泄露，权利人共同制定了严格详尽的保密制度，并在委托他人加工模具、配件、零部件时，均在与被委托方签订的加工合同中增加了保密条款。权利人生产滑片式空气压缩机的原材料配方、模具图纸和技术图纸，均系权利人自行研发，采取了相应的保密措施，不为公众所知悉，处于行业领先地位，被实际应用后能够为权利人带来经济利益，故此构成商业秘密。

第三节　关于公知常识的判断

公知常识是本领域普通技术人员知道或者理应知道的，并能够在所属技术领域实践中熟练运用以解决具体的技术问题，或是相关技术领域的技术人员在解决具体技术问题时最容易想到并运用的技术手段。在审查和司法实践中涉及公知常识的问题日渐增多，引用公知常识可以否定一项专利申请，也可以否定技术秘密的权利主张。

一、公知常识的特点

第一，公知常识是本领域普通技术人员实际知道或者应当知道的技术手段，且知晓的途径有多种。

第二，公知常识是本领域普通技术人员在其所属技术领域实践中能够熟练运用该技术手段解决具体的技术问题，并在一般情况下将其作为首先考虑的技术手段或技术手段之一。

第三，公知常识是为解决相关技术领域的具体技术问题，本领域普通技术人员最容易想到并运用的技术手段。

第四，公知常识不存在地域性问题。公知常识不应以某一特定地区技术人员的技术水平进行判断。

第五，属于公知常识范畴的技术手段处于一个不断增加、更新的状态，对其时间点的确定有时将会对创造性判断起到主要作用。

二、公知常识的举证责任

在无效审查阶段，请求人或被请求人对自己提出的某一技术手段为公知常识的主张负有举证责任。必要时，专利复审委员会对某一个技术手段是否为公知常识可以要求提出公知常识主张的一方举证。另外，一方对另一方关于公知常识的主张明确提出异议，提出公知常识主张的一方负有举证责任。专利复审委员会可以依职权在做出决定过程中直接引入公知常识，但这样做可能会加大自己在诉讼中的举证责任。

在行政诉讼阶段，原告对专利复审委员会在决定中认定的公知常识明确提出异议的，专利复审委员会就其认定负有举证责任。确定这一原则主要考虑了以下三方面因素。

（一）原告方面的因素

原告提出异议的原因：一是对专利复审委员会认定某一技术手段为公知常识确有异议，希望通过诉讼获得确凿的证据；二是原告内心认可专利复审委员会的认定，但为某种目的策略性地提出。

（二）法官方面的因素

法官实质上不是本领域普通技术人员，故对某一项技术手段是否为该技术领域公知常识不能明辨；另一方面，本领域普通技术人员是一个抽象、虚拟的概念，并没有一个具体的判断标准。因此，即使是被看作本领域普通技术人员的人也不一定能够准确地确认一项技术手段是否为公知常识。

（三）其他因素

有的观点认为，专利复审委员会对一些在实践中广泛采用却又没有在教科书、技术词典、手册中载明的特殊公知常识进行举证是非常困难的。但是，法律的规定是明确的，诉讼行为不能脱离法律的规定操作。对这一问题，可以采取其他变通的处理方式。如有的技术手段难以通过证据证明的，可以由专利复审委员会在法定举证期间内申请由人民法院就这一问题走访某一个或者多个能够说明这一问题的案外人，以求获得佐证。如果能够得到本领域技术人员的一致认可，则可以支持其主张。

此外，公知常识的举证形式包括：①以法律规定的常规方式举证，如教科书、技术词典、技术手册等。②尽量提交足够数量的、有一定时间跨越的、涉及领域广的、载体形式多样的证明该技术手段已经被广泛使用的证据，如专利文献、学术文章、产品说明等，以达到本质上相同的证明目的。

三、由多项公知常识的组合形成的技术方案

如果由多个公知常识简单叠加、组合，特别是公知常识解决的技术问题没有发生变化，而且公知常识的结合不存在技术偏见的情况下，这种结合不具有创造性。但是，如果存在以下情形，则在进行创造性的判断时需要特别注意，不能简单认为没有创造性，应当就个案具体分析：①存在将某公知常识与其他技术手段结合的技术偏见。②利用作为公知常识的一项技术手段在本领域普通技术人员普遍认识之外的一个特点或效果。③将其他毫不相关的技术领域中的公知常识运用到本领域中，即不存在任何技术启示。

第四节　专利文献利用

专利文献是集技术信息、经济信息和法律信息于一体的科技文献。依据专利法的规定，专利技术内容必须以专利文献的形式进行公开。因此作为记载科技发明内容的载体，专利文献具有报

道量大、内容详尽具体的特点。据欧洲专利局统计，世界上95%的发明都能够在专利文献中找到，专利文献已经成为获取世界上最新技术信息的重要源泉。

一、专利文献的特点

专利文献作为一种科技文献，与其他科技文献（如图书、期刊、研究报告、会议论文、技术标准、学位论文）相比，具有如下特点。

（一）内容新颖广泛

许多国家的专利法都明确规定，专利文献上所阐述的发明内容，必须是国内外出版物上没有公开发表过的，因此技术领域最先进的、最有价值的发明总是最早在专利文献上公开发表，如联合收割机、雷达、彩色电视制式、气垫船和同步卫星。因此专利文献内容的新颖性使专利文献成为查找某一领域最新进展最简便、最迅速的工具。同时，在应用技术领域，专利文献涉及领域之广远远超出了其他技术文献，据世界知识产权组织统计，世界上90%～95%的发明成果以专利文献的形式问世，其中约有70%的发明成果未见于非专利文献上。目前全世界每年公布的专利说明书达几百万件，其内容极其广泛，从日常生活用品到高精尖技术几乎无所不包，专利文献已经成为一个取之不尽、用之不竭的技术知识宝库。专利文献对于技术信息的获取具有非常重要的意义。

（二）报道快，时效性强

由于大多数国家专利法都遵循先申请原则，规定专利权授予最先申请的者，发明人一旦取得科研成果必然要抢时间申请，专利法对专利文献的公开也有时间规定，这就决定了专利文献成为报道最新发明成果最迅速的渠道。绝大多数的发明在专利文献中能够提前看到。报道迅速使得科技成果能尽早面向社会，加速科技成果转化为生产力的过程，这同样也加速了科技交流的速度。

（三）格式统一，分类科学

依据各国专利法的要求，各国专利说明书在格式上都基本相同，如发明专利说明书主要由题录、摘要、权利要求书、说明书和附图组成。专利文献格式的统一为查阅各国专利文献提供了极大方便。随着国际专利分类法（IPC）的建立和推广，各国专利都使用统一的分类标记，从而使专利文献具有了一整套科学的分类体系，从而为利用统一的专利分类号检索专利文献提供了方便。

（四）专利文献载体类型多样化、信息数据化、网络化

专利文献的载体类型随着科技的进步而发展，专利文献最初是采取印刷型载体，目前已发展到缩微胶片、光盘、电子文档等几种主要类型。目前世界上包括美国、日本、中国等接近100个以上的国家都建立了专利文献电子数据库，建立专利文献电子数据库，是各国专利文献发展的主要潮流。

（五）查阅方便快捷

由于包括美国、日本、中国等在内的主要专利国家都建立了专利文献电子数据库，以及专利文献以电子文档的形式公开，公众可以实现免费查阅和下载。这优于收费的电子版科技文献。因此在网络日益普及的今天，只需要一台连接网络的计算机就可以查阅许多国家的专利文献，从而使专利文献的查询变得非常方便和快捷。

（六）内容详尽，针对性强

各国专利法都有明确要求，专利文献必须清晰、具体、完整地阐述发明，具有良好的实用性，以同行业的普通专业人员能够看懂、实施该项发明为准。因此专利文献一般都叙述详尽并有具体应用举例。大部分专利文献还附有详细的附图，对技术方案的理解有重要参考价值，进一步增加了专利文献的实用性特点。例

如，IBM 公司 1977 年获得一件有关磁存储器的专利，原文长 32 页就附图 49 幅。因此，经专利局实质审查后批准出版的专利文献所具有的实用性和针对性是其他科技文献所无法比拟的。

二、有效利用专利文献的途径

（一）加强宣传、普及专利文献检索知识

由于我国专利法实施较晚，有关专利和专利文献的知识在全社会的普及率较低，导致许多科技工作者对专利文献的知识了解甚少，这极大地影响了人们对专利文献的获取和利用。通过广泛的宣传和学习可以促进专利文献的有效利用。

（二）检索现有技术，提高新产品和新技术的研发起点

作为一次文献，专利文献记载着全世界绝大部分的技术发明成果，历史上各种大大小小的技术发明，以及后来的一系列改进，在专利文献中有着详尽的纪录。因此，专利文献是获取世界上最新技术信息的重要源泉。在进行科研开发工作的各个环节中充分运用专利文献，能有效提高研究开发的起点，世界上许多大公司、大企业在新技术、新产品的开发全过程中，都注意充分利用专利文献。如王选教授在研制计算机汉字激光照排系统时，曾花了近 1 年时间系统地检索了国外有关的专利文献，从专利文献中发现国外在研制照排系统时曾经经历了 4 个发展阶段，在研究和借鉴国外专利文献的基础上，他从中国的实际出发，坚持了高起点和走创新之路的战略，选择了激光照排的方向，从而跳过了外国人走过的前三代机型，以最快的速度跃居世界领先水平。电子出版系统研制成功后，及时申请了 1 项欧洲专利和 9 项中国专利。

（三）专利技术的有效利用

由于专利保护的时限性，每年我国都有许多专利技术因为年费欠缴或过期而成为无效专利。未在中国申请专利的外国专利技

术在我国不受专利法的保护。这些都是对外公开的可以免费使用的技术资料。通过专利文献的查阅可以无偿生产上述专利产品，从而促进相关可利用专利产品和技术的开发。

（四）开展现有专利的改进研究，实施交叉许可

在他人已申请专利的基础上，开展技术革新，进而形成二次专利。有了二次专利后，就可以利用交叉许可的规则，节省实施母专利的许可费用。这就是改进发达国家专利形成自主专利的跨越发展策略。

日本人成功地运用了该战略，改进了不少美国专利，使其技术得到迅猛发展，少走了很多弯路。实施跨越式发展策略不仅可行，而且非常有效。我国的企业，特别是国有大中型企业可以运用这种策略。

（五）提高专利申请的有效性

通过国内外专利文献的查阅，可以有效地确定欲申请专利是否满足专利法的新颖性和创造性要求，从而有效提高专利申请的效率。

综上所述，专利文献的认识和有效利用有助于开发和获取更多的自主知识产权，有助于实现技术和经济的跨越式发展，迅速实现经济强国的目标。专利文献蕴含丰富的发明技术知识，是全人类智慧成果的宝藏。在知识经济迅猛发展的今天，高效地利用专利文献有助于更好地进行科技创新，有利于提升企业和科研机构的自主创新能力，有利于我国自主知识产权品牌的形成。专利文献的有效利用对我国建设创新型国家具有非常重要的意义。

第二章　专利注册与审查

第一节　专利申请

一、专利申请的原则

专利申请的原则，是指专利申请人及专利管理机关在专利申请阶段应该共同遵守的准则。

（一）书面申请原则

书面申请原则是指申请人为获得专利权所履行的众多法定手续都必须依法以书面形式办理。该书面文件的质量影响专利授权审批进度、专利保护范围以及专利的取得。因此，专利申请人应按《专利法》和《专利法实施细则》以及审查指南的规定认真撰写。

（二）先申请原则

先申请原则是指根据在先申请排斥在后申请，对符合要求的在先申请给予授权的原则。相对于先发明原则，先申请原则的优点是鼓励尽早申请，尽早公开，尽早利用，减少权利不稳定状态。但先申请原则的缺点是为了尽可能早获专利，会使发明创造尚不成熟，有失公平的嫌疑。而先发明原则虽然较公平，有鼓励真正发明人得到专利的优点，但举证费时费力，有促使发明人长时间保守发明秘密的倾向，实施起来相当麻烦。大多国家选择先申请原则。

（三）单一性原则

单一性原则是指一件申请案只能包含一项发明创造的原则，

即一发明一申请。单一性原则的目的是防止一件申请含有多项发明创造，使得专利分类、审查时出现困难，授权后文献检索不方便，权利行使混乱。因此不符合单一性原则的发明应分案申请专利，分案申请可以保留优先权日。

虽然单一性原则是一般规则，《专利法》还规定了单一性原则的例外。即属于一个总的发明构思下的两项以上的技术方案可以依照《专利法》第 31 条第 1 款规定，可以作为一件专利申请提出的属于一个总的发明构思的两项以上的发明或者实用新型，应当在技术上相互关联，包含一个或者多个相同或者相应的特定技术特征。其中，特定技术特征是指每一项发明或者实用新型作为整体，对现有技术做出贡献的技术特征。例如，一种要求保护的插头和插座是相互关联且必须同时使用的两种产品，可以作为一件申请案提出，其权利要求表现为——权利要求 1：一种插头，其特征为 A；权利要求 2：一种插座，特征与 A 相应。这属于一个总发明构思下的两项以上的技术方案，可以合案申请。

另外，用于同一类别并且成套出售或者使用的产品的两项以上的外观设计，可以作为一件申请提出，依照《专利法》第 31 条第 2 款规定，将同一产品的多项相似外观设计作为一件申请提出的，对该产品的其他设计应当与简要说明中指定的基本设计相似。一件外观设计专利申请中的相似外观设计不得超过 10 项。所称同一类别并且成套出售或者使用的产品的两项以上外观设计，是指各产品属于分类表中同一大类，习惯上同时出售或者同时使用，而且各产品的外观设计具有相同的设计构思。将两项以上外观设计作为一件申请提出的，应当将各项外观设计的顺序编号标注在每件外观设计产品各幅图片或者照片的名称之前。例如，一种保温杯盖和保温杯体，一种茶壶和茶杯盖的外观设计，就可以合案申请。

《专利法》第 9 条还规定："同样的发明创造只能授予一项专利权。但是，同一申请人同日对同样的发明创造既申请实用新型专利又申请发明专利，先获得的实用新型专利权尚未终止，且申请人声明放弃该实用新型专利权的，可以授予发明专利权。"该条明确了发明和实用新型专利的转换规则，为既可以申请实用新型专利又可以申请发明专利的申请人提供了更好的申请方式。

（四）优先权原则

优先权原则是指根据优先权公约或条约及相关规定享有申请日提前的原则，优先权原则包括国际申请原则和国内优先权原则。

国际优先权原则是指申请人自发明或者实用新型在外国第一次提出专利申请之日起 12 个月内，或者自外观设计在外国第一次提出专利申请之日起 6 个月内，又在中国就相同主题提出专利申请的，依照该外国同中国签订的协议或者共同参加的国际条约，或者依照相互承认优先权的原则，可以享有优先权。

根据《专利法》第 29 条的规定享有优先权的，可以享受申请日提前的优惠，即可以把第一个申请日作为在中国申请的申请日。

本国优先权原则是自发明或者实用新型在中国第一次提出专利申请之日起 12 个月内，又就相同主题在我国提出专利申请的，可以享有优先权。本国优先权的作用主要：①解决首次文件表述不清，图纸绘制不明的问题；②通过要求本国优先权，将若干在先申请合并在一份在后申请中，达到节约开支的目的。

申请人享有优先权的，优先权日视为申请日。申请人依照《专利法》第 30 条的规定要求外国优先权的，申请人提交的在先申请文件副本应当经原受理机构证明。依照国务院专利行政部门与该受理机构签订的协议，国务院专利行政部门通过电子交换等途径获得在先申请文件副本的，视为申请人提交了经该受理机构证明的在先申请文件副本。要求本国优先权，申请人在请求书中写明在先申请的申请日和申请号的，视为提交了在先申请文件副本。

要求优先权，但请求书中漏写或者错写在先申请的申请日、申请号和原受理机构名称中的一项或者两项内容的，国务院专利行政部门应当通知申请人在指定期限内补正；期满未补正的，视为未要求优先权。

要求优先权的申请人的姓名或者名称与在先申请文件副本中记载的申请人姓名或者名称不一致的，应当提交优先权转让证明材料，未提交该证明材料的，视为未要求优先权。

外观设计专利申请的申请人要求外国优先权，其在先申请未包括对外观设计的简要说明，申请人按照《专利法实施细则》第28条规定提交的简要说明未超出在先申请文件的图片或者照片表示的范围的，不影响其享有优先权。

申请人在一件专利申请中，可以要求一项或者多项优先权；要求多项优先权的，该申请的优先权期限从最早的优先权日起计算。

申请人要求本国优先权，在先申请是发明专利申请的，可以就相同主题提出发明或者实用新型专利申请。在先申请是实用新型专利的，可以就相同主题提出实用新型或者发明专利申请。但是，提出后一申请时，在先申请的主题有下列情形之一的，不得作为要求本国优先权的基础：①已经要求外国优先权或者本国优先权的；②已经被授予专利权的；③属于按照规定提出的分案申请的。申请人要求本国优先权的，其在先申请自后一申请提出之日起即视为撤回。

在中国没有经常居所或者营业场所的申请人，申请专利或者要求外国优先权的，国务院专利行政部门认为必要时，可以要求其提供下列文件：①申请人是个人的，其国籍证明；②申请人是企业或者其他组织的，其注册的国家或者地区的证明文件；③申请人的所属国，承认中国单位和个人可以按照该国国民的同等条件，在该国享有专利权、优先权和其他与专利有关的权利的证明文件。

二、专利申请文件

（一）专利请求书

请求书是申请人用于表达请求国家知识产权局对其发明授予专利权的愿望的书面文件。请求书的作用主要是启动专利申请和审批程序。

请求书的内容应按国家知识产权局专门制作的表格填写，请求书中应填写以下内容：①发明名称。应写明发明所属技术领域或主要应用领域；发明的种类，即发明是产品还是方法；在所有申请文件中发明名称均须保持一致。②发明人。发明人只能是自然人，不得在发明人一栏中填写法人或非法人单位的名称。③申请人。详细填写申请人的姓名或名称，不得使用假名、笔名或简称。④其他事项。除了以上内容外请求书中还包括申请人的国籍，要求优先权的声明，分案申请的情况，申请文件清单、附加文件清单、申请费交纳情况以及专利代理机构，应注明代理机构的名称、地址、代理人姓名、登记号。在请求书末还应有代理人签章及代理机构印章。

（二）专利说明书

说明书即具体阐明发明创造内容的书面文件。说明书的作用主要是实施发明创造，支持权利要求，解释权利要求。说明书应主要阐明以下内容。

1. 技术领域

写明要求保护的技术方案所属的技术领域。例如，二极管技术领域，不能笼统地写成技术领域或物理领域。

2. 背景技术

写明对发明的理解、检索、审查有用的技术背景；有可能的，并引证反映这些背景技术的文件。所谓背景技术也就是与发明相关的现有技术。

3. 发明内容

写明发明所要解决的技术问题以及解决技术问题的方案，并对照现有技术写明发明或实用新型的有益效果。

所谓发明所要解决的技术问题实际上就是发明的目的。解决技术问题的方案要求清楚、完整地说明整个技术方案，使本专业的普通技术人员能够理解并能够实施。一般来讲，独创部分应详细，借用部分可相对简略。

4. 附图说明

说明书有附图的，对各幅附图做简略说明。

5. 具体实施方式

详细写明申请人认为实现发明或者实用新型的优选方式。必要时，举例说明。有附图的，对照附图。

发明或者实用新型专利申请人应当按照前款规定的方式和顺序撰写说明书，并在说明书每一部分前面写明标题，除非其发明或者实用新型的性质用其他方式或者顺序撰写能节约说明书的篇幅，并使他人能够准确理解其发明或者实用新型。

发明或者实用新型说明书应当用词规范、语句清楚，并不得使用"如权利要求……所述的……"一类的引用语，也不得使用商业性宣传用语。

发明专利申请包含一个或者多个核苷酸或者氨基酸序列的，说明书应当包括符合国务院专利行政部门规定的序列表。申请人应当将该序列表作为说明书的一个单独部分提交，并按照国务院专利行政部门的规定提交该序列表计算机可读形式的副本。

实用新型专利申请说明书应当有表示要求保护的产品的形状、构造或者其结合的附图。

（三）权利要求书

权利要求书即具体说明申请人就申请专利的发明创造请求专利法保护的范围的书面文件。权利要求书的作用主要是：在申请程序中，既是申请人阐明要求专利保护的范围又是审查部门审查的依据。在授权后，是专利保护范围的法律依据。

权利要求书应当满足的要求如下：

（1）以说明书为依据，须与说明书匹配，得到说明书的支持。

（2）清楚。①权利要求的类型应当清楚。产品权利要求用产品的结构特征来描述。方法权利要求用工艺过程、操作条件、步骤或流程等技术特征来描述。②权利要求的保护范围应当清楚。

通常对产品权利要求，应尽量避免使用功能或效果特征来限定发明，用语应当采用国家统一规定的技术术语，不得使用含义不确定的词语。③权利要求之间的引用关系要清楚。

（3）简要：权利要求分项简明。整体简明，不对原因和理由进行描述，也不得使用商业宣传用语。

（4）记载必要的技术特征，必要技术特征是指一项发明不可或缺的特征，在权利要求上表现为独立权利要求。

《专利法实施细则》第21条规定，发明或者实用新型的独立权利要求应当包括前序部分和特征部分，按照下列规定撰写。

（1）前序部分：写明要求保护的发明或者实用新型技术方案的主题名称和发明或者实用新型主题与最接近的现有技术共有的必要技术特征。

（2）特征部分：使用"其特征是……"或者类似的用语，写明发明或者实用新型区别于最接近的现有技术的技术特征。这些特征和前序部分写明的特征合在一起，限定发明或者实用新型要求保护的范围。

发明或者实用新型的性质不适于用前款方式表达的，独立权利要求可以用其他方式撰写。

一项发明或者实用新型应当只有一个独立权利要求，并写在同一发明或者实用新型的从属权利要求之前。

《专利法实施细则》第22条规定，发明或者实用新型的从属权利要求应当包括引用部分和限定部分，按照下列规定撰写。

（1）引用部分：写明引用的权利要求的编号及其主题名称。

（2）限定部分：写明发明或者实用新型附加的技术特征。

从属权利要求只能引用在前的权利要求。引用两项以上权利要求的多项从属权利要求，只能以择一方式引用在前的权利要求，并不得作为另一项多项从属权利要求的基础。

（四）说明书摘要

说明书摘要是对发明和实用新型说明书所记载的内容进行简

要概括的文件，其作用主要是提供技术信息，方便公众检索专利文献，及时寻找到所需要的专利文件，但不能用于确定专利权的保护范围，也不能用于解释权利要求。

说明书摘要应当写明发明或者实用新型专利申请所公开内容的概要，即写明发明或者实用新型的名称和所属技术领域，并清楚地反映所要解决的技术问题、解决该问题的技术方案的要点以及主要用途。

说明书摘要可以包含最能说明发明的相关化学式。有附图的专利申请，还应当提供一幅最能说明该发明或者实用新型技术特征的附图。附图的大小及清晰度应当保证在该图缩小到 4 厘米 × 6 厘米时，仍能清晰地分辨出图中的各个细节。摘要文字部分不得超过 300 个字。摘要中不得使用商业性宣传用语。

（五）外观设计的图片或照片

在外观设计专利中图片或照片起着如发明或实用新型专利申请中权利要求书的作用。递交申请文件时，如果是立体外观设计产品的设计应当提交六面正投影视图。如果是平面的可以仅提交该正面投影视图。必要时还可对图片或照片做简要的文字说明。

三、专利申请的提交与受理

专利申请的提交可以通过直接递交和邮寄递交两种方式进行。直接递交，即将申请文件直接递交给国家知识产权局的受理窗口或专利代办处。邮寄递交，即将申请文件邮寄给国家知识产权局的受理处或专利代办处。专利申请的提交过程如下：

首先，专利申请由国家知识产权局统一受理和审查专利，包括：①专利受理处和专利受理窗口受理；②专利代办处受理。我国在沈阳、济南、长沙、成都、南京、上海、广州等城市设立了国家知识产权局专利代办处。向专利代办处提交的申请与向国家局受理处和受理窗口提交的申请具有同样的效力。

其次，确定申请日、缴纳申请费。申请日的确定对于判断申请时间的先后、现有技术的检索点、早期公开日的确定、实质审查的时间、专利年费的计算、专利有效期的确定等都具有重要的意义。直接递交，收到日为申请日；邮寄，以邮件寄出日为申请日，邮戳不清的以收到日为申请日；有优先权的以优先权日为申请日。

最后，申请人应当在收到受理通知书后。最迟自申请之日起2个月内缴纳申请费、公告印刷费和必要的附加费，期满未缴纳或未交足的，其申请视为撤回。

四、专利国际申请的特别规定

首先，提出中国专利申请。一般情况下，中国个人或单位做出发明创造后可以先向中国专利局提出国家申请。然后，在12个月优先权期限内提出国际申请，并要求优先权。这样，申请人就有12个月的时间考虑是否有必要向外国申请专利，通过什么方式提出申请及为提出申请进行必要的准备。根据有关规定，中国个人或单位做出发明创造之后也可以直接提出国际申请，但是，必须在该申请中指定外国的同时也指定中国。

其次，准备申请费用。向外国申请专利需要向外国专利局和专利代理人支付数目可观的费用，并且是以美元结算的。按专利代理机构的经验，目前平均每向一个国家申请专利需要支付4000~5000美元。申请人提出国际申请同样需要支付上述费用，还要支付专利合作协定（PCT）国际阶段的费用，该费用包括中国专利局征收的传送费、检索费和国际初步审查费和国际局征收的基本费、指定费和手续费约。如果是中国的个人提出的国际申请，国际局征收的费用可减少75%。

另外，专利国际申请可以委托专利代理机构。申请人提出国际申请需要委托规定的专利代理机构。该专利代理机构将帮助申请人填写各种表格、修改申请文件，并由该机构向中国专利局递交申请文件、缴纳费用和办理各种手续。

专利国际申请的办法：中国于1994年正式成为PCT的成员

国，并且是受理局、国际检索和初步审查单位。中国单位或个人申请国际专利的具体办法如下：

（1）向国家知识产权局申请专利或者在国际申请中指定中国，并经国务院有关主管部门同意后，委托国务院或者国务院授权专利局指定的专利代理机构办理。专利代理机构在接受申请人委托后，应当把国务院有关主管部门同意向外国申请专利的有关文件送交专利局备案。

（2）中国台湾地区同胞向国际局递交国际申请的，应当向专利局提供申请人居所地或营业所所在地的证明文件，并委托国务院授权专利局指定的专利代理机构办理。居住在港、澳以及其他地区的中国同胞向国际局递交国际申请并在请求书中指明中国专利局为国际检索单位的，应当向专利局提供国籍证明文件，并委托国务院授权专利局指定的专利代理机构办理。

（3）中国居民或者国民按照本办法向国际局递交国际申请的，其主管国际检索单位和国际初步审查单位是中国专利局。

第二节　专利审查步骤

专利审查步骤即专利审查程序，分为发明专利的审查程序和实用新型专利、外观设计专利的审查程序。

一、发明专利的审查程序

发明专利的审查时间长，审查要经过初步审查、早期公开、实质审查、授权公告四个步骤。

（一）初步审查

初步审查，也称为"形式审查"或"格式审查"，是国务院专利行政部门对发明、实用新型和外观设计专利申请是否具备形式条件进行的审查。初步审查（形式要件及明显的实质性缺陷的审查）主要包括：①合法性审查（即审查发明人、申请人、代理人资格，提交文件、证明的法律效力等）；②格式审查（即审查文件格式、版心、文字、附图或图片的清晰度等）；③明显的实质性缺陷的审查（即明显的违法、违德审查）；④保密审查（即审查是否涉及国家安全和重大利益）；⑤费用审查（即审查是否缴纳申请费）。

根据《专利法实施细则》第 44 条规定的初步审查，是指审查专利申请是否具备《专利法》第 26 条或者第 27 条规定的文件和其他必要的文件，这些文件是否符合规定的格式，并审查下列各项：

（1）发明专利申请是否明显属于《专利法》第 5 条、第 25 条规定的情形，是否不符合专利法第 18 条、第 19 条第 1 款、第 20 条第 1 款或者《专利法实施细则》第 16 条、第 26 条第 2 款的规定，是否明显不符合专利法第 2 条第 2 款、第 26 条第 5 款、第 31 条第 1 款、第 33 条或者《专利法实施细则》第 17 条至第 21 条的规定。

（2）申请文件是否符合《专利法实施细则》第 2 条、第 3 条第 1 款的规定。

国务院专利行政部门应当将审查意见通知申请人，要求其在指定期限内陈述意见或者补正；申请人期满未答复的，其申请视为撤回。申请人陈述意见或者补正后，国务院专利行政部门仍然认为不符合前款所列各项规定的，应当予以驳回。

专利申请文件有下列情形之一的，国务院专利行政部门不予受理，并通知申请人：

（1）发明或者实用新型专利申请缺少请求书、说明书（实用新型无附图）或者权利要求书的，或者外观设计专利申请缺少请求书、图片或者照片、简要说明的。

（2）未使用中文的。

（3）不符合《专利法实施细则》第 121 条第 1 款规定的。

（4）请求书中缺少申请人姓名或者名称，或者缺少地址的。

（5）明显不符合《专利法》第 18 条或者第 19 条第 1 款的规定的。

（6）专利申请类别（发明、实用新型或者外观设计）不明确或者难以确定的。

（二）早期公开

早期公开，是指经过初步审查，对符合形式条件的发明专利申请，在尚未经过实质审查前进行的公开。国务院专利行政部门对发明专利申请经初步审查认为符合本法要求的，自申请日（有优先权的自优先权日）起满 18 个月，即行公布，也可以根据申请人的请求早日公布其申请。

早期公开公布的形式是在专利公报上登载发明专利申请请求书中记载的著录事项和发明的摘要，并另行出版发行说明书和权利要求书的全文单行本。早期公开的专利申请虽然还在审查阶段，公开其技术对专利申请人虽有风险，但可以换取社会技术进步，该制度主要是考虑了：发明专利的审查耗时较长，早期公开有利于最新技术的传播，使有关单位和个人了解最新技术；早期公开可以避免重复研究，减少浪费；早期公开有助于启发他人开发更新的技术。

早期公开阶段的临时保护及效力：发明专利公布后，申请人可以要求实施的单位或个人支付适当的费用。但应注意该临时保护的特点是还没有取得专利权。①"可以"要求使用者给付使用费用，但不是权利，不能发起侵权诉讼。②可以要求费用纠纷的调解（《专利法实施细则》第 85 条）。③费用纠纷的诉讼时效的特别规定，自授权之日起计算（《专利法》第 62 条第 2 款）。

在此阶段把专利申请权称为专利权，对不支付费用称为侵权的指控不能成立。

申请人在早期公开中对于提前公开时间的把握需注意以下问题。初步审查符合要求的，如果申请人不要求提前公开，国家知识产权局则满 18 个月公开，申请人也可以要求提前公开，对于要求提前公开的发明专利申请，该申请经初步审查合格后，即可进入公开程序，一般自申请日起 6～10 个月即可公布，但是如何把握公开的时机，公开还是不公开，一直是个技术问题。一个企业的发明专利申请文件公开得越迟，该企业的竞争对手获知该发明专利申请内容的时间也就越晚，但是不公开又会影响授权，申请人通常应结合自己产品和技术的特点做出决定。

对成熟的技术产品可以申请提前公开，其好处在于：①提前公开可以尽早获得临时保护，尽早地保护企业的利益；②可以尽早获得授权，使企业尽早地利用专利抢占市场；③可以延长行使专利权利的时间；④还可能用于评价在后申请的创造性，有时可能会影响其竞争对手的专利申请，这一点无疑对申请人是很有利的。

对处于开发阶段的技术产品：技术产品还不稳定，可能存在许多需要修改和完善的地方，在申请专利时可以不用请求提前公开。其好处在于：①申请人在专利申请内容公开前可以随时撤回其申请，该申请仍然可以作为一项技术秘密由申请人拥有；②可以避免过早地暴露企业的技术动态。

提前公开对投资和开发的导向不可忽视，提前公开申请文件的内容可能会损害申请人的利益。例如，申请人申请一项发明专利后，可能出于某种原因撤回其专利申请。对撤回的专利申请，公开和未公开大不一样。

假设 A 公司在 2000 年 1 月 1 日申请了技术 C 的发明专利，而 B 公司在 2000 年 10 月开始准备进行技术 C 的开发。B 公司在开发技术 C 之前，需要通过专利检索获得技术 C 的相关信息，以确定技术 C 是否已经被公开。如果 A 公司在申请技术 C 的发明专利时要求提前公开，则在 2000 年 10 月时该申请的内容很可能已被公开，B 公司发现技术 C 被公开后就可以采取措施进行规避。

如果 A 公司在申请技术 C 的发明专利时未要求提前公开，则在 2000 年 10 月时该申请的内容尚未被公开，B 公司发现技术 C

未被公开，则会制定技术 C 的开发策略，进行技术 C 的开发。2001 年 7 月 A 公司的申请内容被公开，B 公司此时虽然发现技术 C 被公开并可以采用补救措施进行规避，但还是打乱了其原来的部署，更重要的是大大增加了 B 公司的资金成本和时间成本。

（三）实质审查

实质审查，也称技术审查，它是对申请专利的发明是否具有专利性所进行的审查。我国对发明专利采用早期公开、延期审查的审批制度。发明专利自申请日起 3 年内，国务院专利行政部门可以根据申请人随时提出的请求，对其申请进行实质审查。国务院专利行政部门认为有必要的时候可以主动对专利申请进行实质审查。

实质审查的主要内容如下：

（1）审查技术方案是否符合《专利法》第 2 条关于发明的定义（未解决技术问题，或者未利用技术手段，或者未获得技术效果的涉及计算机程序的发明专利申请，不属于《专利法》第 2 条第 2 款规定的技术方案，因而不属于专利保护的客体）。

（2）审查技术方案是否属于《专利法》第 5 条和第 25 条规定的不应授权的范围。

（3）审查技术方案修改或方案是否超过《专利法》第 33 条规定的范围。

（4）审查申请技术方案的公开是否依《专利法》第 26 条的规定充分公开，特别是依赖遗传资源完成的发明创造，申请人应当在专利申请文件中说明该遗传资源的直接来源和原始来源。申请人无法说明原始来源的，应当陈述理由。

（5）审查申请技术方案是否符合单一性要求（《专利法》第 31 条 1 款）。

（6）审查申请是否符合三性（《专利法》第 22 条第 2、3、4 款）。

（7）审查申请权利要求书是否得到说明书的支持。权利要求与专利说明书出现不一致或者相互矛盾，明显违反《专利法》第

26 条第 3、4 款导致说明书无法用于解释权利要求的，驳回申请不能授予专利权，如果已经取得专利的可以通过无效制度提出专利无效申请，在专利侵权诉讼中有该瑕疵的，应告知当事人通过专利无效宣告程序解决。当事人据此启动专利无效宣告程序并申请中止本案审理的，可以裁定中止诉讼。

（8）审查是否存在重复授权（《专利法》第 9 条）。

对于实质审查符合要求的可以进入授权登记阶段，如果实质审查不符合要求，可以要求限期陈述意见或修改（《专利法》第 37 条），如果在限期内经修改符合要求的也可以授权，限期内未修改或修改仍然不符合要求的应当驳回申请（《专利法》第 38 条）。

（四）授权登记公告

发明专利申请经实质审查没有发现驳回理由的，由国务院专利行政部门做出授予发明专利权的决定，发出授权通知，申请人收到通知起 2 个月内办理登记手续，申请人按期办理的发给专利证书，同时予以登记和公告。发明专利权自公告之日起生效。申请人期满未办理登记手续的视为放弃取得专利权。

二、实用新型专利和外观设计专利的审查程序

实用新型、外观设计专利的审查程序较简单快捷，主要经过初步审查和授权登记、公告两个步骤。

（一）初步审查

初步审查审查的内容主要有合法性审查、格式审查、明显缺陷审查和费用审查。

初步审查不符合要求，能够补正的可以限期陈述意见或补正，限期内补正符合要求的可以授权，限期内没有补正或补正仍然不符合要求的应当驳回申请。

根据《专利法实施细则》第 44 条规定及《专利法》第 34 条和第 40 条所称，初步审查是指审查专利申请是否具备《专利法》

第 26 条或者第 27 条规定的文件和其他必要的文件，这些文件是否符合规定的格式，并审查下列各项：

（1）实用新型专利申请是否明显属于《专利法》第 5 条、第 25 条规定的情形，是否不符合《专利法》第 18 条、第 19 条第 1 款、第 20 条第 1 款或者《专利法实施细则》第 16 条至第 19 条、第 21 条至第 23 条的规定，是否明显不符合《专利法》第 2 条第 3 款、第 22 条第 2 款、第 4 款、第 26 条第 3 款、第 4 款、第 31 条第 1 款、第 33 条或者《专利法实施细则》第 20 条、第 43 条第 1 款的规定，是否依照《专利法》第 9 条规定不能取得专利权。

（2）外观设计专利申请是否明显属于《专利法》第 5 条、第 25 条第 1 款第 6 项规定的情形，是否不符合《专利法》第 18 条、第 19 条第 1 款或者《专利法实施细则》第 16 条、第 27 条、第 28 条的规定，是否明显不符合《专利法》第 2 条第 4 款、第 23 条第 1 款、第 27 条第 2 款、第 31 条第 2 款、第 33 条或者本细则第 43 条第 1 款的规定，是否依照《专利法》第 9 条规定不能取得专利权。

（3）申请文件是否符合《专利法实施细则》第 2 条、第 3 条第 1 款的规定。

国务院专利行政部门应当将审查意见通知申请人，要求其在指定期限内陈述意见或者补正；申请人期满未答复的，其申请视为撤回。申请人陈述意见或者补正后，国务院专利行政部门仍然认为不符合前款所列各项规定的，应当予以驳回。

（二）授权登记、公告

实用新型专利和外观设计专利不进行实质审查。经初步审查符合要求的由国务院专利行政部门做出授予发明专利权的决定，发出授权通知，申请人收到通知起 2 个月内办理登记手续，申请人按期办理的发给专利证书，同时予以登记和公告。

实用新型专利和外观设计专利基于产品更新换代快的特点，不进行实质审查，但是他人可以依据授权的实用新型专利和外观设计专利的实质缺陷向专利复审委员会主张该专利无效，无效程序是对授权质量有问题的实用新型专利和外观设计专利的补救程序。它很好地协调了授权时间要求和授权质量要求的冲突。

第三节　专利三性

《专利法》第22条规定："授予专利权的发明和实用新型，应当具备新颖性、创造性和实用性。"由于专利三性是取得专利和影响专利无效案件的关键性因素，因此对专利三性的理解主要包括对专利新颖性、创造性、实用性的理解。

一、专利的新颖性

专利的新颖性，是指该发明或者实用新型不属于现有技术；也没有任何单位或者个人就同样的发明或者实用新型在申请日以前向国务院专利行政部门提出过申请，并记载在申请日以后公布的专利申请文件或者公告的专利文件中。其中，"现有技术"是指申请日以前在国内外为公众所知的技术。

对于新颖性的判断要注意以下几个方面。

（一）新颖性判断的时间标准

我国对新颖性的判断采用申请日标准。申请日标准更简便、易行，操作方便，又可以起到促进尽早申请，加快新信息传播的作用，而发明日标准主要是发明完成日为标准，虽公平但烦琐。我国《专利法》采用了申请日标准。

申请日以前在国内外为公众所知的技术都是现有技术，但申请日当天公开的技术内容不包括在现有技术范围。由于技术发明人往往也是该项技术成果的文章发布人，做好申请日之前的保密工作是很重要的，因此在新颖性的问题上应该注意协调申请专利和发表论文的关系。一般而言申请专利并不影响论文的有效性，而且只要在论文发表的前一天将专利申请递交到国家知识产权局，拿到专利受理通知书后，随时可以将论文发表，申请日所要注意的只是将申请专利，递交专利文件放到发表文章之前，这样就可以申请专利，发表论文两不误。

（二）新颖性判断的地域标准

新颖性判断的地域标准采用绝对新颖性标准，该标准要求在专利审查中，国家专利主管部门可以引用世界范围内的任何出版物或实际活动去否定一项发明的新颖性。即要求发明创造不构成全世界范围内的"现有技术"，没有以任何方式在世界范围内公开使用过。

（三）新颖性判断的公开方式

公开方式主要是引用申请日前书面公开，使用公开，其他方式公开的技术做对比来判断申请案是否具有新颖性。

1. 与书面公开的技术方案对比

书面公开也称出版物公开，即发明创造的内容以有形载体的方式公开的方案对比。例如，以文献、杂志、书籍、论文、教科书、技术手册、正式公布的会议记录或技术报告、产品目录、影片、磁带、唱片、光盘等方式公开。

2. 与使用公开的技术方案对比

使用公开，即通过公开实施使公众能够了解和掌握该发明创造。它包括通过制造、使用、销售、进口等方式公开的技术。

3. 与其他方式公开的技术方案对比

其他方式公开，即指书面公开和使用公开以外方式的公开，实践中主要指口头交谈、报告、讨论会发言、广播或者电视等能使公众得知技术内容的方式公开，其他方式的公开还可以包括公众可阅览的展台上、橱窗内放置的情报资料及直观资料，如招贴画，图纸、模型、样本、样品等。

其他方式公开的公开日的确定，以公众可接收的广播或者电视报道公开的；以播放日为公开日，以口头交谈、报告、讨论会发言方式公开的，以其发生之时为公开日；以阅览展台展示的以公开展出之日为公开日。

（四）新颖性判断的公开的程度

以书面公开，使用公开，其他方式公开的技术必须是充分公开的技术方案，特别是申请人没有做到申请日以前的保密工作导致申请案提前公开的，要分析公开的程度，该技术必须是在申请日前充分的公开、向公众的公开才构成公开的技术。

1. 充分的公开

充分的公开，即公开了技术方案的实质性内容，披露的内容应清楚、完整、详细，并达到使本领域的普通技术人员依据所公开的内容就能够实施该发明或实用新型的程度。如果申请人只是在申请日前公开了研发的技术的一般信息，没有将技术细节交底，则不构成充分公开，不丧失新颖性。

2. 公开的对象须是"公众"

"公众"是指不依协议负保密义务和不依社会观念或商业习惯负默契保密义务的人群。默契保密是既无法律规定又无当事人约定的应保密的情形。例如，某大学教授在教学中引入了自己新的研究报告成果，听课的为其学生，这就是向公众的公开，因为学生不负有默契保密义务。如果发明人向技术鉴定会专家提交其研究成果的资料，发明人向其专利代理人、律师提交其研究成果的资料就不是向公众的公开，因为技术鉴定会专家、专利代理人、律师是负有默契保密义务的人。发明人向合同当事人提交技术以换取利益也不构成向公众的公开，因为合同当事人是依合同负有保密义务的人。

（五）影响新颖性的抵触申请

抵触申请是指一项申请专利的发明或者实用新型在申请日以前，已有同样的发明或者实用新型向国务院专利行政部门提出过申请并记载在申请日以后公布的专利申请文件或者公告的专利文件中。先申请被称为后申请的抵触申请，而使后申请丧失新颖性。

抵触申请是影响新颖性的情形之一，构成抵触申请的条件如下：

（1）有同样技术的先申请存在，如 A、B 为两个相同技术的申请，A 申请在前，B 申请在后。

（2）须先申请在后申请的申请日之后公开，如 A 申请在 3 月 1 号申请，在 B 申请的申请日以后的 5 月 1 号公开。假如 A 申请在 B 申请的申请日之前公开就不构成抵触申请。抵触申请制度的目的：①避免同样的发明或实用新型专利申请重复授权。②抵触申请之技术由于不包含在现有技术中，所以需要特殊考虑，特别规定。

（六）不丧失新颖性的公开

《专利法》第 24 条规定："申请专利的发明创造在申请日以前六个月内，有下列情形之一的，不丧失新颖性。"

1. 在中国政府主办或者承认的国际展览会上首次展出的

中国政府主办的国际展览会包括：国务院、各部委或者国务院批准由其他机关或者地方政府举办的展览会。

中国政府承认的国际展览会包括：国务院、各部委承认的在外国举办的展览会。

《专利法》第 24 条第 1 款所称中国政府承认的国际展览会，是指国际展览会公约规定的在国际展览局注册或者由其认可的国际展览会。

2. 在规定的学术会议或者技术会议上首次发表的

在规定的学术会议或者技术会议上首次发表的是指国务院有关主管部门或者全国性学术团体组织召开的学术会议或者技术会议，不包括省以下或者受国务院各部委或全国性学会委托或者以其名义组织召开的学术会议或者技术会议。

3. 他人未经申请人同意而泄露其内容的

此情形包括他人未遵守明示的或默示的保密契约，他人用威胁、欺诈等手段得到而后公开的，以及代理、鉴定等活动中取得而后公开的。

不丧失新颖性的宽限期为 6 个月，又叫优惠期，宽限期的效力仅为不损害其新颖性，不具有将申请日提前的优惠。例如，甲在 2000 年 3 月 1 日于规定的学术会议上展出了自己的发明产品，6 月 1 日申请专利，乙在 5 月 1 日就同项发明申请专利，根据先申请原则乙该取得专利。

申请专利的发明创造有《专利法》第 24 条第 1 款或者第 2 款所列情形的，申请人应当在提出专利申请时声明，并自申请日起 2 个月内提交有关国际展览会或者学术会议、技术会议的组织和单位出具的有关发明创造已经展出或者发表，以及展出或者发表日期的证明文件。

申请专利的发明创造有《专利法》第 24 条第 3 款所列情形的，国务院专利行政部门认为必要时，可以要求申请人在指定期限内提交证明文件。申请人未依照本条第 3 款的规定提出声明和提交证明文件的，或者未依照本条第 4 款的规定在指定期限内提交证明文件的，其申请不适用《专利法》第 24 条的规定。

二、专利的创造性

创造性指的是非显而易见性，我国《专利法》第 22 条规定："创造性，是指与现有技术相比，该发明具有突出的实质性特点和显著的进步，该实用新型具有实质性特点和进步。"

判断创造性的标准：根据《专利法》第 22 条第 3 款和《专利法实施细则》第 30 条规定，判断创造性应参照申请日以前的现有技术。创造性判断的对比文件比新颖性判断使用的少，不包括抵触申请。

判断创造性的人应为发明创造所属技术领域的普通技术人员。这是虚拟的人的判断方式，目的在于确定比对的人的标准。

普通技术人员是指能够获知该领域中所有的技术，并具有应用该技术领域所有的普通技术知识具有应用申请日以前常规实验的手段和能力的人。

判断创造性的客观标准，发明应以"突出的实质性特点和显著进步"、实用新型应以"实质性特点和进步"为标准。

根据专利审查指南，判断创造性一般通过三个步骤：

（1）确定最接近的现有技术作为参照技术。

（2）确定发明和实用新型的区别特征和实际解决的技术问题，这是技术客观比对的要求，属于客观标准。

（3）判断要求保护的发明对本领域的技术人员来说是否是显而易见的。这是技术主观比对的要求，属于主观标准。

我国《专利法》对不同专利的创造性要求不同，总体来说对发明的创造性要求高，对实用新型专利的创造性要求较低。

三、专利的实用性

实用性又称工业实用性或产业实用性，是发明创造获得专利必须具备的实质条件之一。实用性，是指该发明或者实用新型能够制造或者使用，并且能够产生积极效果。

（一）对实用性的一般理解

实用性要求能够在产业中制造或使用，即如果该发明是产品，那么该产品必须在产业中能够制造，并能够解决技术问题；如果是方法，须在产业中能够制造，并能够解决技术问题。所谓产业，包括工业、农业、林业、水产业、畜牧业、交通业，以及文化体育、生活用品和医疗器械等行业。

实用性要求能够产生积极效果，是指发明或者实用新型制造使用后，与现有技术相比所具有的有益的效果。其可以是技术效果，也可以是经济效果或社会效果。

（二）实用性的标准

实用性的判断原则，以所公开的整体技术内容为准，而不仅仅是权利要求书中的内容，能否实施以所属技术领域的技术人员能否实现为准。

　　实用性的判断的基准主要是可实施性，可再现性，根据专利法 24 条 4 款，以及《专利审查指南》规定，下列情况不具备实用性：①无再现性，即未完成的、未充分公开的、不具实施性的技术方案都不具备实用性。②违背自然规律，如第一和第二类永动机、全封闭式环行车摩擦动力装置等。③无积极效果，即在产品质量、节能、环保、成本、有害性方面的负面效果。

第三章　专利权利与限制

第一节　专利权利内容

专利权是国家依法授予专利申请人对申请专利的发明创造所拥有的垄断性权利。专利权的内容是专利权法律关系的构成要素之一，是指专利权人依法享有的权利及应承担的义务内容。

专利权主要表现为专利财产权利，专利财产权利是指具有经济内容，能为专利权人带来直接经济或物质利益的权利，一般包括制造权、使用权、许诺销售权、销售权、进口权、转让权、许可权等。专利权也包括专利人身权，是指与发明人或设计人人身不可分割且没有直接财产内容的署名、荣誉、标记等权利。而专利权人的义务主要表现为缴纳专利年费以及不得滥用专利权等约束。下面主要从权利的角度介绍专利权的内容。

一、专利实施权

专利的实施权，依产品专利的实施和方法表现为不同的权能。

（一）产品专利的实施权，表现为制造、使用、许诺销售、销售、进口权

制造专利产品，是指通过机械或手工方式，做出具有权利要求所记载的全部必要技术特征的产品的行为；使用专利产品，是指专利产品按照其技术功能得到了应用；许诺销售专利产品，是指以做广告、在商店橱窗中陈列或展销会上展出等方式做出销售

商品的意思表示；销售专利产品，是指在市场上买卖专利产品；进口专利产品，是指从一国境外将专利产品引入境内的行为。

（二）方法专利的实施权

方法专利的实施指的是使用专利方法，使用、许诺销售、销售、进口依据该专利方法直接获得的产品。

（三）外观设计专利的实施权

外观设计专利的实施分为实施和禁止权。实施指的是权利人制造、使用、许诺销售、销售、进口该外观设计专利产品；但是禁止权仅包括对他人制造、许诺销售、销售、进口其外观设计专利产品的控制，不包括对他人使用的控制。

二、转让权

转让权是指专利权人享有的将自己的专利所有权依法转让给他人的权利。

转让与许可制度的区别在于，专利权转让是专利所有权的转让，而不是许可权的转让。专利权转让必须以书面合同方式进行，专利权转让必须履行法定手续，不能私下交易完成，必须经国家知识产权局登记公告方生效。

转让合同的内容主要包括：专利技术的内容、名称，专利申请日、申请号、专利号及专利权的有效期。专利实施的状况包括许可他人实施的状况，有关技术情报资料的清单，转让费用及支付方式，违约责任，争议解决办法，等等。

三、许可权

许可权是指专利权人享有的许可他人实施其专利的权利。专利权人有权独占实施专利技术，也可把这种实施权全部或部分转让给他人，由实施专利方支付费用。

专利权人可以通过许可合同以约定的条件和方式许可他人实

施。许可合同的类型主要包括：①独占实施许可；②排他实施许可；③普通实施许可；④交叉实施许可；⑤分许可等。

专利许可费的约定一般有三种方式：①统包价格，即一次性付清专利使用的许可费；②提成价格，即以生产或销售的数量按一定的价格或比例计算确定许可费；③固定与提成结合的价格，即将许可费分为固定的初付费（入门费）和提成费两部分。

专利许可合同的内容主要包括：专利技术的内容、名称，专利申请日、申请号、专利号以及专利权的有效期，实施许可的范围，技术情报和资料以及保密事项，技术服务的内容，验收标准和方式，专利实施许可费的数额和支付方式，技术后续改进的提供和分享方式，违约责任，争议解决办法，等等。

四、标记权

标记权，是指专利权人享有的在其专利产品或该产品包装上标明专利标记和专利号的权利，即在产品或包装上注明专利标记或专利号的权利。

五、署名权

署名权是指发明人或设计人享有在专利申请文件和专利文件中写明自己是发明人或设计人的权利。

六、专利权人的义务

第一，缴纳专利年费。专利年费，又叫专利维持费，对同一类别的专利权来说，应当缴纳的年费数额相同。年费的数额，随着保护时间的延续而递增，实行递进制。通常发明专利比实用新型专利和外观设计专利的费用高。

发明专利维持费：1~3 年每年 900 元人民币，4~6 年每年 1200 元人民币，7~9 年每年 2000 元人民币，10~12 年每年 4000 元人民币，13~15 年每年 6000 元人民币，16~20 年每年 8000 元人民币。

实用新型和外观设计专利维持费：1～3年每年600元人民币，4～5年每年900元人民币，6～8年每年1200元人民币，9～10年每年2000元人民币。

第二，不得滥用专利权，如恶意诉讼，采取拒绝许可、回授许可、许可时固定价格，限制被许可人的技术再研发等。

第三，对发明创造人给予奖励，主要是针对职务发明创造的所在单位要及时给予发明人奖励和报酬。

根据《专利法实施细则》第77条的规定，被授予专利权的单位未与发明人、设计人约定，也未在其依法制定的规章制度中规定《专利法》第16条规定的奖励的方式和数额的，应当自专利权公告之日起3个月内发给发明人或者设计人奖金。一项发明专利的奖金最低不少于3000元人民币，一项实用新型专利或者外观设计专利的奖金最低不少于1000元人民币。

由于发明人或者设计人的建议被其所属单位采纳而完成的发明创造，被授予专利权的单位应当从优发给奖金。

《专利法实施细则》第78条进一步规定了被授予专利权的单位未与发明人、设计人约定，也未在其依法制定的规章制度中规定《专利法》第16条规定的报酬的方式和数额的，在专利权有效期限内，实施发明创造专利后，每年应当从实施该项发明或者实用新型专利的营业利润中提取不低于2%，或者从实施该项外观设计专利的营业利润中提取不低于0.2%，作为报酬给予发明人或者设计人；或者参照上述比例，给予发明人或者设计人一次性报酬。被授予专利权的单位许可其他单位或者个人实施其专利的，应当从收取的使用费中提取不低于10%，作为报酬给予发明人或者设计人。

第二节　专利权的权利限制

权利限制是利益平衡的需要，也是公共利益对私权利的制约，对专利权的限制是专利专有使用和许可权的限制，主要包括强制许可和不为侵权的利用。

一、不视为侵犯专利权的使用行为

我国《专利法》第 69 条规定有下列情形之一的，不视为侵犯专利权：①专利产品或者依照专利方法直接获得的产品，由专利权人或者经其许可的单位、个人售出后，使用、许诺销售、销售、进口该产品的；②在专利申请日前已经制造相同产品、使用相同方法或者已经做好制造、使用的必要准备，并且仅在原有范围内继续制造、使用的；③临时通过中国领陆、领水、领空的外国运输工具，依照其所属国同中国签订的协议或者共同参加的国际条约，或者依照互惠原则，为运输工具自身需要而在其装置和设备中使用有关专利的；④专为科学研究和实验而使用有关专利的；⑤为提供行政审批所需要的信息，制造、使用、进口专利药品或者专利医疗器械的，以及专门为其制造、进口专利药品或者专利医疗器械的。

（一）关于不为侵权的首次销售、权利用尽

专利产品或者依照专利方法直接获得的产品，由专利权人或者经其许可的单位、个人售出后，使用、许诺销售、销售该产品的不为侵权。例如，A 公司将自己专利产品制造销售，B 公司购买后使用和销售该专利产品；张三将专利许可 A 公司制造销售后，甲、乙、丙购买后使用和销售的都属于权利用尽，专利权人不得主张侵权。根据 2017 年《专利侵权判断指南》的规定，权利用尽的情况如下：

（1）专利权人或者其被许可人在中国境内售出其专利产品或

者依照专利方法直接获得的产品后，购买者在中国境内使用、许诺销售、销售该产品。

（2）专利权人或者其被许可人在中国境外售出其专利产品或者依照专利方法直接获得产品后，购买者将该产品进口到中国境内以及随后在中国境内使用、许诺销售、销售该产品。

（3）专利权人或者其被许可人售出其专利产品的专用部件后，使用、许诺销售、销售该部件或将其组装制造专利产品。

（4）方法专利的专利权人或者其被许可人售出专门用于实施其专利方法的设备后，使用该设备实施该方法专利。

权利用尽的立法理由：①专利权人通过首次销售已经获得应有的利益。②权利多次行使不利于商品流通。

权利用尽的构成条件包括：①只适用于合法投入本国市场的专利产品和合法投入本国市场的依照专利方法直接获得的产品。因为权利人只有通过合法投入才能取得首次销售的利益，而非法投入的不适用权利用尽。②权利用尽只涉及使用、许诺销售、销售、进口这四种实施专利的行为，而不是对整个专利权的用尽。

（二）关于先用权人的制造和使用

先用权人在专利申请日前已经开始制造与专利产品相同的产品或者使用与专利技术相同的技术，或者已经做好制造、使用的准备的，依法可以在原有范围内继续制造、使用该项技术。该使用不为侵权。使用、许诺销售、销售上述情形下制造的专利产品或者依照专利方法直接获得的产品的，也不视为侵犯专利权。

先用权的立法理由：为保护就同一发明创造而未获得专利权的单位或个人在投资上得到回收，是对先申请原则的补充，保护发明人利益。

先用权的适用条件包括以下四点：

（1）做好了制造、使用的必要准备。必要准备是指已经完成实施发明创造所必需的主要技术图纸或者工艺文件，或已经制造、购买实施发明创造所必需的主要设备或者原材料。

（2）仅在"原有范围"内继续制造、使用。"原有范围"包括专利申请日前已有的生产规模以及利用已有的生产设备或者根据已有的生产准备可以达到的生产规模。

（3）在先制造产品或者在先使用的方法或设计，应是先用权人自己独立研究完成或者以合法手段从专利权人或其他独立研究完成者处取得的，而不是在专利申请日前抄袭、窃取或者以其他不正当手段获取的。被诉侵权人以非法获得的技术或者设计主张先用权抗辩的，不应予以支持。

（4）先用权仅有使用权而没有技术的控制转让许可等权利，先用权人对于自己在先实施的技术不能转让，除非连同所属企业一并转让。先用权人在专利申请日后将其已经实施或做好实施必要准备的技术或设计转让或者许可他人实施，被诉侵权人主张该实施行为属于在"原有范围"内继续实施的，不应予以支持，但该技术或设计与原有企业一并转让或者承继的除外。

（三）关于外国临时过境交通工具上的使用

外国临时过境交通工具上的使用是指当交通工具临时通过一国领域时，为交通工具自身需要而在其装置或设备中使用有关专利技术的，不为侵权。

临时过境交通工具上使用的立法的原因是为方便和促进国际交通运输自由。适用该规则的条件：仅适用于临时通过中国领土的外国运输工具，长期在中国的交通运输工具不享有该种权利；有关专利的使用仅限于交通运输工具本身，如果利用该交通运输工具进行制造、销售等则不能适用，临时过境不包括用交通运输工具对专利产品的"转运"，即从一个交通运输工具转到另一个交通运输工具的行为；临时过境适用应有条约依据，该交通运输工具所在国与我国要有相关条约、公约或协定。

（四）专为科学研究和实验而使用有关专利

专为科学研究和实验，是指专门针对专利技术方案本身进行的科学研究和实验，其目的是研究、验证、改进他人专利技术，在已有专利技术的基础上产生新的技术成果。

专为科研和实验而使用有关专利的行为，包括该研究实验者自行制造、使用、进口有关专利产品或使用专利方法的行为，也包括他人为该研究试验者制造、进口有关专利产品的行为。

（五）关于非生产经营目的的利用

非生产经营目的的利用，即为了个人学习研究使用的行为，不为侵权。

（六）关于为提供行政审批目的的使用

为提供行政审批目的的使用是指为提供行政审批目的所需要的信息，而制造、使用、进口专利药品或者专利医疗器械的，以及专门为其制造、进口专利药品或者专利医疗器械的。

行政审批所需要的信息是指《中华人民共和国药品管理法》《中华人民共和国药品管理法实施条例》及《药品注册管理办法》等相关药品管理法律法规、部门规章规定的实验资料、研究报告、科技文献等相关材料。

二、专利强制许可

强制许可，也称为"强制许可使用"，是指国务院专利行政部门依照法律规定，可以不经专利权人的同意，直接允许申请人实施专利权人的发明或实用新型专利的一种制度。

根据我国《专利法》第 48、49、50、51、52、53、54 条的规定，对发明专利和实用新型专利的强制许可根据不同的条件可分为下面几类。

（一）依申请给予的强制许可

依据《专利法》第 48 条规定有下列情形之一的，国务院专利行政部门根据具备实施条件的单位或者个人的申请，可以给予实施发明专利或者实用新型专利的强制许可。

一是专利权人自专利权被授予之日起满 3 年，且自提出专利申请之日起满 4 年，无正当理由未实施或者未充分实施其专利的；该正当理由需要申请人证明其曾经以合理条件向专利权人要求使用而被拒绝的证明；未充分实施其专利是指专利权人及其被许可人实施其专利的方式或者规模不能满足国内对专利产品或者专利方法的需求。

二是专利权人行使专利权的行为被依法认定为垄断行为，为消除或者减少该行为对竞争产生的不利影响的。例如，如果一项技术被纳入技术标准，专利权人不许可行业人员使用即属于滥用权利，限制竞争。

（二）根据公共利益需要给予的强制许可

在国家出现紧急状态或者非常情况时，或者为了公共利益，国务院专利行政部门可以给予实施发明专利或者实用新型专利的强制许可。例如，基于社会安定、紧急状态、自然灾害、瘟疫流行等原因的强制许可。

（三）药品专利的强制许可

为了公共健康，对取得专利权的药品，国务院专利行政部门可以给予制造并将其出口到符合中华人民共和国参加的有关国际条约规定的国家或者地区的强制许可。《专利法》第 50 条所称取得专利权的药品，是指解决公共健康问题所需的医药领域中的任何专利产品或者依照专利方法直接获得的产品，包括取得专利权的制造该产品所需的活性成分以及使用该产品所需的诊断用品。

根据 2001 年《关于 TRIPS 协定与公共健康的宣言》（《多哈宣言》），如果非洲爆发艾滋病，其通过外交渠道希望从我国进口这种专利药品，即可请求国家知识产权局给予强制许可。

（四）从属专利的强制许可

这是根据专利之间的相互关系给予的强制许可，一项取得专利权的发明或实用新型比先前已经取得专利权的发明或实用新型在技术上有重大进步，其实施又有赖于前一发明或实用新型的实施的，可以给予强制许可。

这种强制许可适用的条件包括：①前后两项专利具有从属关系，从属专利通常在包含了在先产品专利权利要求的全部技术特征的基础上，增加了新的技术特征；在原有产品专利权利要求的基础上，发现了原来未曾发现的新的用途；在原有方法专利权利要求的基础上，增加了新的技术特征。②后项专利比前项专利更先进，在后获得专利权的发明或实用新型是对在先发明或实用新型专利的改进，在后专利的某项权利要求记载了在先专利某项权利要求中记载的全部技术特征，又增加了另外的技术特征的，在后专利属于从属专利。从属专利落入在先专利的保护范围。③由后项专利权人向国务院专利行政部门提出申请。

在依照《专利法》的规定给予实施强制许可的情形下，国务院专利行政部门根据前一专利权人的申请，也可以给予实施后一发明或者实用新型的强制许可。但实务中也可以通过交叉许可来解决这个问题。

（五）指定实施

指定实施，即政府可以决定对国家利益或公共利益有重大意义的专利技术在指定的单位实施。《专利法》第14条规定："国有企业事业单位的发明专利，对国家利益或者公共利益具有重大意义的，国务院有关主管部门和省、自治区、直辖市人民政府报经国务院批准，可以决定在批准的范围内推广应用，允许指定的单位实施，由实施单位按照国家规定向专利权人支付使用费。"

第三节 与公共健康有关的强制许可
和 "（Bolar）例外"

一、TRIPS 协定的规定

TRIPS 协定规定的与公共健康相关的规定，主要有涉及公共健康的强制许可，引入权利国际用尽原则，允许药品平行进口，防止权利人滥用知识产权的措施等。

关于公共健康与强制许可问题，世界贸易组织（WTO）2001年通过的《多哈宣言》明确指出，公共健康危机，包括与艾滋病、结核病、疟疾等流行病有关的危机，属于国家紧急状态或者非常情况。世界贸易组织总理事会 2003 年 8 月通过的《关于实施 TRIPS 协定与公共健康的宣言第 6 段的决议》（以下简称《总理事会决议》），允许成员为解决缺乏制药能力或者制药能力不足的其他成员面临的公共健康问题而给予强制许可，制造有关专利药品并将其出口到这些成员国，从而突破了 TRIPS 协定第 31 条关于强制许可实施只能主要供应国内市场需要的限制性规定。

美国使用 TRIPS 协定弹性规定的次数最多，它是通过一个复杂的"专利权例外规定体系"来完成的。相关规则主要分布在判例法中，也有的分布在成文法中。例如，"波拉例外条款"适用于为药品注册或实验目的而使用的专利，"主权豁免条款"规定政府和大专院校不能成为专利侵权诉讼的被告，《特别强制许可法》适用于清洁空气和民用核能技术等。此外，还有出于保护"公共利益"的需求，把强制许可与司法程序中的禁令程序配合使用的判例。

TRIPS 协定第 27 条关于可享专利的主题，明确将医治人或动物的诊断、治疗和手术方法排除在外，但 TRIPS 协定并没有进一步规定什么是诊断、治疗和手术方法，这就意味着各成员可以在国内法中自行解释。同时协定还规定，使用器械对有生命的人体或者动物体实施的剖开、切除、缝合、文刺等创伤性或者介入性治疗或处置的方法，即外科手术方法，不能被授予专利权。

二、我国的相关制度

为应对世界范围的公共健康危机，中国专利法律制度也应TRIPS 协定及《多哈宣言》做了相应的规定。我国《专利法》涉及公共健康问题的强制许可制度主要体现在如下方面：

第一，明确了在我国预防或者控制传染病的出现、流行，以及治疗传染病，属于《专利法》第 49 条所述为了公共利益目的的行为。传染病在我国的出现和流行导致公共健康危机的，属于《专利法》第 49 条所述的国家紧急状态。

第二，《专利法》第 50 条规定为了公共健康目的，对取得专利权的药品，国务院专利行政部门可以给予制造并将其出口到符合中华人民共和国参加的有关国际条约规定的国家或者地区的强制许可。该规定确定了出口专利药品强制许可制度，即 WTO 成员按照总理事会决议确定的机制通报世界贸易组织 TRIPS 理事会，希望进口治疗某种传染病的药品的，或者不是世界贸易组织成员的最不发达国家通过外交渠道通知我国政府，希望从我国进口治疗某种传染病的药品的，国务院有关主管部门可以请求国家知识产权局授予强制许可，允许被许可人利用总理事会决议确定的制度制造该种药品并将其出口到上述成员国或地区。

第三，《专利法实施细则》第 73 条第 2 款还明确解释了《专利法》第 50 条所称取得专利权的药品，是指解决公共健康问题所需的医药领域中的任何专利产品或者依照专利方法直接获得的产品，包括取得专利权的制造该产品所需的活性成分以及使用该产品所需的诊断用品。

第四，解决公共健康问题所需的药品在中国被授予专利权，中国不具有制造该药品的能力或者能力不足时，可以通过从国外进口正常流入市场的专利药，以及进口借助总理事会决议或者议定书确立的制度通过强制许可生产的专利药品两条途径满足国内需求。

三、我国《专利法》的"（Bolar）例外"

"（Bolar）例外"是指若单纯是为了依照有关法律的规定获得并提供为制造、使用或者销售药品或者兽医用生物产品所要求的有关信息，而"制造、使用、许诺销售、销售或者进口被授予专利的发明的行为，不构成侵犯专利权"。

我国《专利法》第 69 条中"不视为侵犯专利权"规定了"为提供行政审批所需要的信息，制造、使用、进口专利药品或者专利医疗器械的，以及专门为其制造、进口专利药品或者专利医疗器械的"的情形，所以形象地被学者们称为中国版的"（Bolar）例外"。

"（Bolar）例外"最早源于 1983 年美国一个著名的侵权案例。在该案中，Roche 公司的专利药盐酸氟西泮保护期即将届满，Bolar 公司为将仿制药尽早上市，在 Roche 公司专利到期之前从加拿大进口了原料，并开展了稳定性、生物等效性等研究以满足 FDA 的申报要求，Roche 公司以侵犯专利权为由起诉 Bolar 公司。虽然联邦巡回法院最终判定 Bolar 公司侵权成立，但是却给人们留下了深刻的思考。

无论是在国内还是在国外，　个药品要想获准上市，都要经历漫长的试验和审批过程，能早一日上市就能尽早回收前期投入的成本，因此企业对上市前的时间把握都是高度敏感。如果一种专利药品或器械只有在其保护期结束之后才能开始仿制药的试验和申报，那么，一方面无疑变相延长了专利的保护期，另一方面不利于技术进步和市场竞争，人们从而无法提早用上价格更加优惠的药物和器械。由此诞生了《美国专利法》第 156 条的规定，即在美国制造、使用、许诺销售、销售或者向美国进口被授予专利的发明的行为，如果单纯是为了依照有关法律的规定获得并提供为制造、使用、销售药品或者兽医用生物产品所要求的有关信息，则不构成侵犯专利权的行为。

药品研发投资大、周期长、风险高的特点使得药品发明对专利保护的依赖性远远高于其他技术领域。药品关系到公共健康和社会稳定，世界各国在保护知识产权的同时都在医药注册申请中引入各种相关的规定来限制医药专利，在促进医药产业发展的同时也能降低药价，允许专为获得和提供药品或者医疗器械的行政审批所需的信息而以规定方式实施专利的"（Bolar）例外"。对于像我国这样的国情，绝大多数制药企业创新能力、资金实力都不强大，很难一下子从仿制跃进到自主创新，更是缺少资金购买专利，因此"（Bolar）例外"对于我国仿制药企业而言具有相当实用的价值。

在专利权保护期限届满后，即使其他公司仿制与专利药品或者专利医疗器械完全相同的产品，按照各国的药品和医疗器械上市许可审批制度，仿制者仍然必须提供其药品或者医疗器械的各种实验资料和数据，以证明其产品符合有关规定，才能获得批准。因此，如果只有在专利权保护期限届满之后才允许其他公司开始进行相关实验，就会大大延迟仿制药品和医疗器械的上市时间，导致公众难以在专利权保护期限届满后及时获得价格低廉的药品和医疗器械，这在客观上起到了延长专利权保护期限的效果。因此，美国、加拿大、日本、澳大利亚等国均在其专利法中明确规定了"（Bolar）例外"，而且这一制度也被 WTO 争端解决机构有关裁决认定为符合 TRIPS 协定的规定。

中国《专利法》第 69 条有了中国版的"（Bolar）例外"的规定，方便中国公众在药品和医疗器械专利权保护期限届满之后能够及时获得价格低廉的药品和医疗器械。但是在适用"（Bolar）例外"时需要注意下列问题：

第一，"（Bolar）例外"的目的限定。企业须证明其目的仅是"为提供行政审批所需要的信息"。根据《药品注册管理办法》

《医疗器械注册管理办法》《体外诊断试剂注册管理办法（试行)》等相关法规对申报资料的要求，制造专利产品或使用专利方法必须仅限于为了满足申报要求。具体来说，为申请药品注册而进行的药物临床前研究，包括合成工艺、提取方法、制备工艺、检验方法、稳定性、药理、毒理、动物药代动力学研究等。生物制品还包括菌毒种、细胞株、生物组织等起始原材料的来源、质量标准、保存条件、生物学特征、遗传稳定性及免疫学等研究。需要进行药品注册检验和生产现场的检查。同时还要根据《药品注册管理办法》相关规定进行临床试验。对于医疗器械和体外诊断试剂而言，需要根据其不同的管理类别提交相应的资料。此处以 II 类医疗器械为例，需要提交技术报告、风险管理报告、体系现场检查报告或 GMP 通知书、注册检验报告和临床试验资料（除豁免临床的情况）等。体外诊断试剂通常需要提交三批生产和检验记录、注册检验报告、三批的分析性能评估、稳定性研究、参考值资料、体系考核报告、临床试验资料等。也就是说，仿制企业在保护期届满前生产的产品或使用专利方法不能超出上述意图。

第二，"（Bolar）例外"的行为限定。企业的行为不能超出"制造、使用、进口专利药品或者专利医疗器械"，以及"专门为其制造、进口专利药品或者专利医疗器械"。目的和行为同时满足时，才算得到"（Bolar）例外"的支持。因此，需要严格把握好产量、保留好原料采购记录、生产记录、产品的流向信息，注意保留相关的证据，如临床机构出具的样品接收单、监管机构出具的注册检验抽样记录、企业自己的库房记录等，以确保产品仅用于申报需要进行的各种研究和试验，防止以后进行扩大生产、试销、广告宣传等行为，以及无法解释清楚的情况。

"（Bolar）例外"的确有着实用价值，它为仿制企业提供了短暂的避风港，使其免于诉讼之苦，但是，从长远来看，仅仅依靠这一例外来谋求生存不是长久之计。仿制企业应寻找专利产品可以突破或改进的地方，注意专利企业的其他反击形式，拥有自主知识产权才能有主动权。

第四节　关于合法来源、现有技术、抵触申请等抗辩

一、关于善意使用或销售的赔偿责任免除(合法来源抗辩)

《专利法》第70条规定："为生产经营目的使用、许诺销售或者销售不知道是未经专利权人许可而制造并售出的专利侵权产品，能证明该产品合法来源的，不承担赔偿责任。"该条规定是为了与国际惯例接轨，防止以不知进行抗辩，有利专利权的维护。

为生产经营目的，使用、许诺销售或者销售不知道且不应知道是未经专利权人许可而制造并售出的专利侵权产品且举证证明该产品合法来源的，不承担赔偿责任，对于权利人请求停止上述使用、许诺销售、销售行为的主张，应予支持。

但应注意赔偿责任免除的条件的把握。这些条件包括：行为人主观善意，即不知为侵权产品；适用范围，只适用于为生产经营目的的使用、许诺销售或销售行为，不包括制造、进口行为；证明责任，行为人能够证明其销售或使用的产品有合法来源，合法来源强调的是流通渠道的合法，使用者或销售者须证明是通过合法的进货渠道、正常的买卖合同等正常商业方式取得该产品。

对于合法来源的证明事项，被诉侵权产品的使用者、许诺销售者或销售者应当提供符合交易习惯的票据等作为证据，但权利人明确认可被诉侵权产品具有合法来源的除外。

二、关于不停止侵权抗辩

不停止侵权抗辩即使用者实际不知道且不应知道其使用的产品是未经专利权人许可而制造并售出，能够证明其产品合法来源

且能够举证证明其已支付该产品的合理对价的，对于权利人请求停止使用行为的主张，不予支持。

被诉侵权行为构成对专利权的侵犯，但判令停止侵权会有损国家利益、公共利益的，可以不判令被诉侵权人停止侵权行为，而判令其支付相应的合理费用。以下情形可以认定为有损国家利益或公共利益：①有损于我国政治、经济、军事等安全的；②可能导致公共安全事件发生的；③可能危及公共卫生的；④可能造成重大环境保护事件的；⑤可能导致社会资源严重浪费等利益严重失衡的其他情形。

三、关于现有技术抗辩和现有设计抗辩

现有技术抗辩是指被诉落入专利权保护范围的全部技术特征，与一项现有技术方案中的相应技术特征相同或者等同，或者所属技术领域的普通技术人员认为被诉侵权技术方案是一项现有技术与所属领域公知常识的简单组合的，应当认定被诉侵权人实施的技术属于现有技术，被诉侵权人的行为不构成侵犯专利权。

现有技术是指专利申请日以前在国内外为公众所知的技术，既包括进入公有领域、公众可以自由使用的技术，也包括尚处于他人专利权保护范围内的非公有技术，还包括专利权人拥有的其他在先专利技术；但是，根据《专利法》第24条的规定享受新颖性宽限期的技术不得作为现有技术援引用于抗辩。

审查现有技术抗辩是否成立，应当判断被诉落入专利权保护范围的技术特征与现有技术方案中的相应技术特征是否相同或等同，而不应将涉案专利与现有技术进行比对。

现有设计抗辩是指被诉侵权外观与一项现有设计相同或者相近似，或者被诉侵权产品的外观设计是一项现有外观设计与该产品的惯常设计的简单组合，则被诉侵权外观构成现有设计，被诉侵权人的行为不构成侵犯外观设计专利。

现有设计是指申请日以前在国内外为公众所知的设计，包括

在国内外以出版物形式公开和以使用等方式公开的设计。

审查现有设计抗辩是否成立，应当判断被诉侵权设计是否与现有设计相同或相近似，而不应将专利外观设计与现有设计比对。但是，当被诉侵权设计与专利外观设计相同或相近似，且被诉侵权设计与现有设计视觉差异较小的情况下，如果被诉侵权设计使用了专利外观设计的设计要点，则应当认定现有设计抗辩不能成立；否则，现有设计抗辩成立。

四、抵触申请抗辩

抵触申请不属于现有技术或现有设计，不能作为现有技术抗辩或现有设计抗辩的理由。被诉侵权人主张被诉侵权技术或被诉侵权设计与抵触申请相同的，可以《专利侵权判断指南》第137条或第139条的规定予以处理。

抵触申请抗辩注意事项如下：

第一，在先申请的主体为任何单位及个人。2008年修改前的《专利法》规定抵触申请只能是"他人"提出的在先申请，出于禁止重复授权的考虑，在修改后的《专利法》中已取消这一规定，明确在先申请的主体为任何单位及个人，包括在后专利申请的申请人。

第二，确定是否存在抵触申请，不仅要查阅在先专利或专利申请的权利要求书，而且要查阅其说明书（包括附图），应当以其全文内容为准。

第三，抵触申请仅仅可以被用来单独评价涉案专利权的新颖性。因此，只有在被诉侵权技术方案的各项技术特征均已被抵触申请单独、完整地公开，才能认定抵触申请抗辩成立。如果被诉侵权的技术方案相较于抵触申请具有新颖性，或者被诉侵权人主张将抵触申请与现有技术或者公知常识结合后进行抗辩的，抵触申请抗辩均不能成立。

有关抵触申请专利侵权抗辩，法律及司法解释并未明文做出适用规定，多见于如下法规：

第一，最高人民法院《关于充分发挥知识产权审判职能作用推动社会主义文化大发展大繁荣和促进经济自主协调发展若干问题的意见》（法发〔2011〕18 号）。

第二，《能动司法，服务大局，努力实现知识产权审判工作新发展——在全国法院知识产权审判工作座谈会上的讲话》（2010 年 4 月 28 日）规定被诉侵权人以实施抵触申请中的技术方案或者外观设计主张其不构成专利侵权的，可以参照现有技术或者现有设计抗辩的审查判断标准予以评判。

第三，北京市高级人民法院《专利侵权判定指南》第 127 条规定抵触申请不属于现有技术，不能作为现有技术抗辩的理由。但是，被诉侵权人主张其实施的是属于抵触申请的专利的，可以参照本指南第 125 条关于现有技术抗辩的规定予以处理。

第四，上海市高级人民法院《专利侵权纠纷审理指引》第 14 条规定在相同侵权中，被控侵权技术方案与抵触申请中的技术方案相同时，可类推适用现有技术抗辩。

被诉侵权人以实施的技术是抵触申请中公开的技术方案主张不构成专利侵权的，在相同侵权情况中才可以类推适用于现有技术抗辩，且被控侵权技术方案与抵触申请中公开的技术方案相同时，不侵权抗辩才能够成立。

第四章 专利管理与保护

第一节 专利的管理

专利的管理包括国家专利管理机关的管理和专利权人的自主管理。

一、国家专利管理机关的管理

国家专利管理机关的管理是指国家专利管理机关采用教育、行政、经济、法律等手段管理有关专利事务的活动。

国家专利管理机关管理的意义包括：①保障专利制度得到更好的贯彻和落实；②切实有效地保护专利权人的合法权益；③推动专利技术更好地推广和应用；④促进社会科技进步和经济发展。

国务院专利行政部门和地方各级人民政府管理专利工作的部门是专利管理机构。国务院专利行政部门的工作主要有：研究相关专利管理机关的执法职能，监督各项专利法律、法规的执行，对违法侵权行为进行处罚。

专利管理机关的职能主要有专利管理机关的管理职能、促进专利技术实施的职能、专利管理机关的执法职能。其执法职能主要体现为：①调处关于专利申请权的争议和专利权纠纷；②调处关于发明专利申请公布后，或实用新型、外观设计专利申请公告后，专利授权前，使用发明、实用新型和外观设计的费用纠纷；③调处专利权或专利申请权转让纠纷；④调处专利实施许可合同引起的纠纷；⑤调处发明人或设计人与其所在单位对申请专利的发明创造是否属于职务发明创造的争议；⑥调处专利侵权纠纷以及其他依法应由专利管理机关处理的争议和纠纷。

二、专利的自主管理

专利的自主管理是权利人对技术成果的开发、申请、维护、交易、保护等方面的管理。专利管理是专利管理人员在有关单位和部门的配合下，为了促进专利创造、运用、管理和保护，而形成的一套保障专利合法权益而形成的制度执行以及经营活动。

（一）研究开发及申请过程中的管理

开发新技术，需要借鉴大量最新研究成果和技术情报资料，而情报资料管理，最新研究成果的数据信息的有效获取和提供都依赖于管理。

专利申请是获得专利权的必须程序。专利权的获得，要由申请人向国家知识产权局提出申请，经国家知识产权局批准并颁发证书。申请人在向国家知识产权局提出专利申请时，须提交一系列的申请文件，如请求书、说明书、说明书摘要、权利要求书等。如何申请，专利文件的撰写等都需要管理部门的指导和推进，管理的思路通常可以考虑以下四方面。

1. 考虑申请专利的类型

技术开发出来后，考虑申请几个专利；从哪些方面申请专利；申请发明、实用新型或者是外观设计专利；如果不申请专利可能带来什么不利后果，等等。

2. 考虑保护范围

一篇专利撰写出来后，如何去判断它保护的范围（排他性），如何确定文件撰写的质量，如果撰写得不好，造成保护范围过小，或者没有保护关键技术，可能产生一件无用专利。例如，对一"某小功率的电机"专利申请，专利审查员的意见是权利要求书得不到说明书的支持，不符合《专利法》第26条第4款的规定。该案例的情况是，该发明的标题定为"小功率的电机"，而说明书中仅仅提到了"小功率的电机特别是 10W 以下的电机"。这种描述限定了保护的范围，如果将说明书中内容改为"30W 以下的电机，特别涉及一种 10W 以下的"，这样撰写就可以扩大该发明的保护范围。虽然发明人当初设计时也是针对 10W 以下的电机设计的，这种电机也许最好适用于 10W 以下，但由于书写的技巧问题，写成"小功率的电机特别是 10W 以下的电机"就会使得 10.5W 的电机就不在本发明的保护范围内了，这对将来的权利维护来说，范围太窄。

3. 关于申请之前的保密工作管理

由于我国的《专利法》实施才 30 多年，企业对专利申请程序和要点不是非常熟悉，很多中小企业只关心专利代理的价格和时间，不关心专利撰写的质量。很多企业在产品畅销后才想起申请专利，特别是随着电子商务兴起，许多产品为了更便于消费者知悉，卖家往往会公布整个产品的各个细节图片，无保留地展示产品特点。这种先卖后报的专利会因在先销售证据而导致专利因缺乏新颖性被驳回或者授权之后被宣告无效，因为经销商的销售记录都可能破坏涉案专利的新颖性或创造性。像淘宝、天猫、京东等大的网购平台的在先销售记录有很多都被专利复审委作为无效专利的理由。

4. 关于专利申请的策略问题

关于专利申请的策略问题需要考虑的是，如哪些技术应该申请专利，哪些技术可以不申请专利而采取技术秘密的方式来保护；技术交底的写法和思路；代理人在收到技术交底后，其主要的工作；技术人员在收到专利初稿后，所要做的工作，等等。

（二）基于交易的管理

基于交易的管理是指对技术许可、转让等贸易的管理，包括输出和技术引进贸易的管理。其主要通过专利权或专利申请权转让、专利实施许可、专利入股、专利证券化等形式实现专利价值转化。

（三）权利维护管理

权利维护管理是专利的日常运作管理，通过建立相关的保障、运行机制，确保专利在授权之后的正常有效。最重要的是防止他人在专利权被授予后，未经专利权人的同意，对发明进行商业性制造、使用、许诺销售、销售或者进口。另外，针对竞争对手的专利，需要判断他的专利是否侵犯了我方的专利权及如何维权，或者我方的专利是否侵犯了对手的专利权及如何应对，均涉及侵权分析的问题；在确定我方技术可能侵犯他人专利权的情况下，如何规避侵权；在无法规避侵权的情况下，如何让我方手中有与对手谈判的砝码都是专利管理中需要注意的问题。

在专利权受到侵害后，专利权人要及时通过协商、请求专利行政部门干预或诉讼的方法保护专利权。在专利权被侵权后，专利权人可以采取的保护专利权的方式包括：①协商、谈判；②请求专利行政管理部门调解；③提起专利侵权诉讼。

发生纠纷涉及诉讼，诉讼中与律师的合作是很重要的，当事人与代理律师之间是基于信任合作，大部分原告会和代理律师和盘托出与案件有关的细节。不过，原告也会基于各方面考虑，会对一些信息进行保留、筛选，甚至故意隐瞒，对有些明显要败诉的案件仍然提起诉讼。

诉讼是一种比较昂贵的解决纠纷的方式，能够协商谈判解决问题是实务中较理性解决纠纷的方式。解决纠纷要注意：一是找专业的代理律师，以新的知识结构，最新的专利侵权判定指南来解决纠纷。二是防止盲目起诉，有的代理律师很专业，但会为了自身利益怂恿原告起诉。有的案件明显无法胜诉，但基于商业竞争需要进行诉讼，盲目认为案件起诉过程获得的利益远比原告败诉的损失大。三是将专利诉讼作为商业竞争的一种手段，打击竞争对手。此类案件实质上涉嫌不正当竞争，特别是涉及互联网购物平台的案件尤为明显，利用起诉删除链接的方式快速干扰卖家。此类案件披着合法外衣，其隐蔽性比较强。

三、诚信管理与专利权评价报告

随着我国对外贸易的发展，一些国人从国外带回一些样品，然后在中国申请专利，认为国外的在先技术不会对国内专利造成影响。对此不能凭空申请，因为今后的法律风险很大。

但是将国外产品到国内进行防御性注册保护有一定的历史阶段可取性，或者是在吸收国外技术上进行二次创新或微创新，将创新后的技术进行申报专利是不错的选择。

由于实用新型和外观设计专利申请不进行实质审查，因此在起诉时，若对专利权利的稳定性存有疑问，可以通过申请知识产权局出具专利权评价报告或专利权检索报告，知识产权局进行实质审查。评价报告主要对专利的新颖性和创造性做出分析和结论，原告可根据比较好的评价报告更有信心地提起专利诉讼，现在知识产权局的信息化与透明化程度高，公众可查询到某项专利是否做出过专利权评价报告以及评价报告内容。同时，有实际诉讼经验的专利律师会在第一时间上网查询专利权评价报告。

四、专利管理工具

专利管理工具是一套面向企事业单位、大专院校、科研院所、专利代理机构、个人的信息化应用系统。基于现代化计算机信息技术、成熟的网络平台，系统以专利监控、专利管理、专利数据导出和专利缴费提醒为主线，围绕日常专利管理工作中的数据统计、费用计算、缴费提醒等繁杂事务，对专利科技成果的运用、专利政策决策、专利战略实施等创新主体的流程和整个专利生命周期进行管理。

第二节　专利权的保护

一、专利权的保护范围

专利权的保护范围，是指专利权的法律效力所涉及的发明创造的范围。

对权利保护范围的解释方式有三种立法例：①周边限定原则，严格地以权利要求为最大限定，周边限定原则对公众一目了然，但对专利权人有撰写权利要求书的严格要求；②中心限定原则，以权利要求为中心可以放大到说明书和发明目的和性质，中心限定原则对于专利权人较有利，但是对于公众显得不确定；③折中原则，即发明或者实用新型专利权的保护范围以其权利要求的内容为准，说明书及附图可以用于解释权利要求的内容，未在权利要求书中记载的不纳入。例如，原告有一种复合板专利，其权利要求记载的特征为"镁质胶凝、竹、木、植物纤维复合层至少有两层"，被告被诉侵权的复合板有镁质胶凝材料与植物纤维复合层，不含竹、木材料，被告主张这三种材料之间是和的关系，即全部包括才构成侵权。法院调取专利说明书，该说明书在描述专利实施例时称"镁质胶凝植物纤维层是由氯化镁、氧化镁和竹纤维或木糠或植物纤维制成的混合物"，根据实施例，法院认为：这三者应该为选择关系，被告构成侵权。该案即在解释权利要求时用到说明书。

二、我国专利保护范围的确定

（一）关于保护范围确定的原则

1. 专利权有效原则

在权利人据以主张的专利权未被宣告无效之前，其权利应予保护，不得以该专利权不符合专利法相关授权条件、应被宣告无效为由做出裁判。但是，另有规定的除外。专利登记簿副本，或者专利证书和当年缴纳专利年费的收据可以作为证明专利权有效的证据。

2. 公平原则

解释权利要求时，不仅要充分考虑专利对现有技术所做的贡献，合理界定专利权利要求限定的保护范围，保护权利人的利益，还要充分考虑权利要求的公示作用，兼顾社会公众的信赖利益，不能把不应纳入保护的内容解释到权利要求的范围当中。

但是专利所要克服的技术缺陷的技术方案，整体上属于现有技术的技术方案，不应纳入保护范围的内容。

3. 折中原则

解释权利要求时，应当以权利要求记载的技术内容为准，根据说明书及附图、现有技术、专利对现有技术所做的贡献等因素合理确定专利权的保护范围。既不能将专利权的保护范围拘泥于权利要求书的字面含义，也不能将专利权的保护范围扩展到本领域普通技术人员在专利申请日前通过阅读说明书及附图后需要经过创造性劳动才能联想到的内容。

4. 符合发明目的原则

在确定专利权保护范围时，不应将不能实现发明目的、效果的技术方案解释到权利要求的保护范围中，即不应当将本领域普通技术人员在结合本领域的技术背景的基础上，在阅读了说明书及附图的全部内容之后，仍然认为不能解决专利的技术问题、实现专利的技术效果的技术方案解释到专利权的保护范围内。

（二）关于发明、实用新型专利权的保护范围

我国《专利法》第 59 条第 1 款规定：“发明或者实用新型专利权的保护范围以其权利要求的内容为准，说明书和附图用于解释权利要求。”

一般应当将权利要求中记载的全部技术特征所表达的技术内容作为一个整体技术方案对待。独立权利要求的前序部分、特征部分，以及从属权利要求的引用部分、限定部分记载的技术特征，对于保护范围具有限定作用。

技术特征是指在权利要求所限定的技术方案中，能够相对独立地执行一定的技术功能，并能产生相对独立的技术效果的最小技术单元。在产品技术方案中，该技术单元一般是产品的部件或部件之间的连接关系。在方法技术方案中，该技术单元一般是方法步骤或者步骤之间的关系。

确定专利权的保护范围时，应当以国务院专利行政部门公告授权的专利文本或者已经发生法律效力的无效宣告请求审查决定，以及相关的确权行政判决所确定的权利要求为准。权利要求存在多个文本的，以最终有效的文本为准。

解释权利要求应当从本领域普通技术人员的角度进行，本领域普通技术人员，是一种假设的"人"，他能够获知该领域中所有的现有技术，知晓申请日之前该技术领域所有的普通技术知识，并且具有运用该申请日之前常规实验手段的能力。所属本领域普通技术人员，不是指具体的某一个人或某一类人，不宜用文化程度、职称、级别等具体标准来参照套用。当事人对本领域普通技术人员是否知晓某项普通技术知识以及运用某种常规实验手段的能力有争议的，应当举证证明。

（三）关于外观设计专利权的保护范围

我国《专利法》第 59 条第 2 款规定："外观设计专利权的保护范围以表示在图片或者照片中的该产品的外观设计为准，简要说明可以用于解释图片或者照片所表示的该产品的外观设计。"

依据北京市高级人民法院颁布的《专利侵权判断指南（2017）》规定，外观设计专利权的保护范围以表示在图片或者照片中的该专利产品的外观设计为准，外观设计的简要说明及其设计要点、专利权人在无效程序及其诉讼程序中的意见陈述等，可以用于理解外观设计专利权的保护范围。

当事人在诉讼中提供的专利产品实物可作为帮助理解外观设计的参考，但不能作为确定外观设计保护范围的依据。

在确定外观设计保护范围时，应当综合考虑授权公告中表示该外观设计的图片或者照片所显示的形状、图案、色彩等全部设计要素所构成的完整的设计内容。图片或者照片中每个视图所显示的所有设计特征均应予以考虑，不能仅考虑部分设计特征而忽略其他设计特征。

设计特征是指具有相对独立的视觉效果，具有完整性和可识别性的产品的形状、图案及其结合，以及色彩与形状、图案的结合，即产品的某一部分的设计。设计要点是指外观设计区别于现有设计，能够对一般消费者产生显著视觉影响的设计特征。

权利人可以提交书面材料说明外观设计专利的设计要点，说明外观设计的创新部位及其设计内容。简要说明中记载设计要点的，可用于参考。

外观设计专利请求保护色彩的，应当将请求保护的色彩作为确定外观设计专利权保护范围的设计特征之一，即在侵权判定中，应当将其所包含的形状、图案、色彩及其组合与被诉侵权产品相应的形状、图案、色彩及其组合进行综合对比；外观设计专利请求保护色彩的，权利人应当提交由国务院专利行政部门出具或认可的相关证据，用以确定外观设计的保护范围。必要时，应当与国务院专利行政部门专利审查档案中的色彩进行核对。

对整体视觉效果不产生影响的产品的大小、材料、内部结构，应当排除在外观设计专利权的保护范围之外。

相似外观设计专利的保护范围，由各个独立的外观设计分别确定。基本设计与其他各项相似设计均可以作为确定各自外观设计专利保护范围的依据。

成套产品的整体外观设计与组成该成套产品的每一件外观设计均已显示在该外观设计专利文件的图片或者照片中的，其权利保护范围由组成该成套产品的每一件产品的外观设计分别确定。图形用户界面外观设计的保护范围应结合设计要点由产品外观设计视图确定。动态图形用户界面外观设计的保护范围需结合简要说明对动态变化过程的描述，由能确定动态变化过程的产品外观设计视图共同确定。

三、发明、实用新型专利权的侵权判定

(一) 全面覆盖原则

全面覆盖原则，即在判定被诉侵权技术方案是否落入专利权

的保护范围，应当审查权利人主张的权利要求所记载的全部技术特征，并以权利要求中记载的全部技术特征与被诉侵权技术方案所对应的全部技术特征逐一进行比较。被诉侵权技术方案包含与权利要求记载的全部技术特征相同或者等同的技术特征的，应当认定其落入专利权的保护范围。全面覆盖原则是判断一项技术方案是否侵犯发明或者实用新型专利权的基本原则。

进行侵权判定，不应以当事人提供的专利产品与被诉侵权技术方案直接进行比对，但专利产品可以帮助理解有关技术特征与技术方案。权利人、被诉侵权人均有专利权时，一般不能将双方专利产品或者双方专利的权利要求进行比对。

（二）相同侵权

相同侵权即被诉侵权技术方案包含了与权利要求限定的一项完整技术方案记载的全部技术特征相同的对应技术特征，属于相同侵权，即字面含义上的侵权。

当权利要求中记载的技术特征采用上位概念，而被诉侵权技术方案的相应技术特征采用的是相应的下位概念的，应认定构成相同技术特征。

被诉侵权技术方案在包含了权利要求中的全部技术特征的基础上，又增加了新的技术特征的，仍然落入专利权的保护范围，但专利文件明确排除该技术特征的除外。

被诉侵权技术方案在包含一项封闭式权利要求全部技术特征的基础上，增加其他技术特征的，应当认定被诉侵权技术方案未落入该权利要求的保护范围。但对于医药、化学领域中涉及组分的封闭式权利要求，该增加的技术特征属于不可避免的常规数量杂质的除外。

对于包含功能性特征的权利要求，与在确定功能性特征的内容时，应当将功能性特征限定为说明书及附图中所对应的为实现所述功能、效果不可缺少的结构、步骤特征相比。被诉侵权技术方案的相应结构、步骤特征是以相同的手段，实现了相同的功能，产生了相同的效果，或者虽有区别，但是以基本相同的手段，实现了相同的功能，达到相同的效果，而且本领域普通技术人员在专利申请日时无需经过创造性劳动就能够联想到的，应当认定该相应结构、步骤特征与上述功能性特征相同。

在判断上述结构、步骤特征是否构成相同特征时，应当将其作为一个技术特征，而不应将其区分为两个以上的技术特征。

在后获得专利权的发明或实用新型是对在先发明或实用新型专利的改进，在后专利的某项权利要求记载了在先专利某项权利要求中记载的全部技术特征，又增加了另外的技术特征的，在后专利属于从属专利。实施从属专利落入在先专利的保护范围。

（三）等同侵权

等同侵权即被诉侵权技术方案有一个或者一个以上技术特征与权利要求中的相应技术特征从字面上看不相同，但是属于等同特征，在此基础上，被诉侵权技术方案被认定落入专利权保护范围的，属于等同侵权。在专利侵权判定中，在相同侵权不成立的情况下，应当判断是否构成等同侵权。被诉侵权技术方案构成等同侵权应当有充分的证据支持，权利人应当举证或进行充分说明。

1. 等同特征

等同特征，是指与权利要求所记载的技术特征以基本相同的手段，实现基本相同的功能，达到基本相同的效果，并且本领域普通技术人员无需经过创造性劳动就能够想到的技术特征。在是否构成等同特征的判断中，手段是技术特征本身的技术内容，功能和效果是技术特征的外部特性，技术特征的功能和效果取决于该技术特征的手段。

2. 基本相同的手段

基本相同的手段，是指被诉侵权技术方案中的技术特征与权利要求对应技术特征在技术内容上并无实质性差异。

3. 基本相同的功能

基本相同的功能，是指被诉侵权技术方案中的技术特征与权利要求对应技术特征在各自技术方案中所起的作用基本相同。被诉侵权技术方案中的技术特征与权利要求对应技术特征相比还有其他作用的，不予考虑。

4. 基本相同的效果

基本相同的效果，是指被诉侵权技术方案中的技术特征与权利要求对应技术特征在各自技术方案中所达到的技术效果基本相当。被诉侵权技术方案中的技术特征与权利要求对应技术特征相比还有其他技术效果的，不予考虑。

5. 无需经过创造性劳动就能够想到

无需经过创造性劳动就能够想到，是指对于本领域普通技术人员而言，被诉侵权技术方案中的技术特征与权利要求对应技术特征相互替换是容易想到的。在具体判断时可考虑以下因素：两技术特征是否属于同一或相近的技术类别；两技术特征所利用的工作原理是否相同；两技术特征之间是否存在简单的直接替换关系，即两技术特征之间的替换是否需对其他部分做出重新设计，但简单的尺寸和接口位置的调整不属于重新设计。

（四）禁止反悔原则

禁止反悔是指在专利授权或者无效程序中，专利申请人或专利权人通过对权利要求、说明书的限缩性修改或者意见陈述的方式放弃的保护范围，在侵犯专利权诉讼中确定是否构成等同侵权时，禁止权利人将已放弃的内容重新纳入专利权的保护范围。

专利申请人或专利权人限制或者部分放弃的保护范围，应当是基于克服缺乏新颖性或创造性、缺少必要技术特征和权利要求得不到说明书的支持以及说明书未充分公开等不能获得授权的实质性缺陷的需要。权利人不能说明专利申请人或专利权人修改专利文件原因的，可以推定其修改是为克服不能获得授权的实质性缺陷。

专利申请人或专利权人对权利要求保护范围所做的限缩性修改或者陈述必须是明示的，而且已经被记录在书面陈述、专利审查档案、生效的法律文书中。

权利人能够证明专利申请人、专利权人在专利授权确权程序中对权利要求书、说明书及附图的限缩性修改或者陈述被明确否定的，应当认定该修改或者陈述未导致技术方案的放弃。

禁止反悔的适用以被诉侵权人提出请求为前提，并由被诉侵权人提供专利申请人或专利权人反悔的相应证据。

在已经取得记载有专利申请人或专利权人反悔的证据的情况下，可以根据已查明的事实，通过适用禁止反悔对权利要求的保护范围予以必要的限制，合理确定专利权的保护范围。

四、外观设计专利的侵权判定

在外观设计专利侵权纠纷案件审判中，判断被告的被控产品是否落入原告专利的保护范围，一直是专利审判工作的一个难点。根据我国《专利法》第 11 条第 2 款、第 23 条和第 59 条第 2 款的规定，对外观设计专利权授予的条件、构成侵权的要件及保护范围作了原则性的规定。《专利侵权判断指南（2017）》规定了如何判断被控产品与原告外观设计专利产品相同、相近似而造成侵权。

（一）确定对比范围和方法

在与外观设计产品相同或者相近种类产品上，采用与授权外观设计相同或者相近似外观设计的，应当认定被诉侵权外观设计落入外观设计专利的保护范围。进行外观设计侵权判定，应当以授权公告中表示该外观设计的图片或者照片为依据进行比较，而不应以权利人提交的外观设计专利产品实物为依据。但是，该专利产品实物与表示在专利公告文件的图片或照片中的外观设计产品完全一致，并且各方当事人均无异议的除外。

（二）以一般消费者视觉直接观察对比

进行外观设计侵权判定，应当通过一般消费者的视觉进行直接观察对比，应根据视觉观察到的方式进行比较判断，对视觉观察不到的，不能借助仪器或化学手段进行分析比较，不应通过放大镜、显微镜等其他工具进行比较。但是，如果表示在图片或者照片中的产品外观设计在申请专利时是经过放大的，则在侵权比对时也应将被诉侵权产品进行相应放大进行比对。不应以市场上一般购买者的水平判断。这是因为某些相近似产品的细微差别，一般购买者往往会忽略掉，而专家或者专业人员很容易分辨出来。

（三）以外观设计产品的功能、用途、使用环境为依据

进行外观设计侵权判定，应当首先审查被诉侵权产品与外观设计产品是否属于相同或者相近种类产品。图形用户界面外观设计产品种类的确定应以使用该图形用户界面的产品为准。认定产品种类是否相同或者相近，应当以外观设计产品的功能、用途、使用环境为依据。

确定产品的用途时，可以按照下列顺序参考相关因素综合确定外观设计的简要说明、国际外观设计分类表、产品的功能以及产品销售、实际使用情况等因素。如果外观设计产品与被诉侵权外观设计产品的功能、用途、使用环境没有重叠，则外观设计产品与被诉侵权产品不属于相同或者相近类别产品。

（四）全面观察综合判断整体视觉效果

判断外观设计是否相同或相近似时以全面观察设计特征、综合判断整体视觉效果为原则，即应当对授权外观设计、被诉侵权设计可视部分的全部设计特征进行逐个分析比对后，对能够影响产品外观设计整体视觉效果的所有因素进行综合考虑后做出判断。下列情形通常对外观设计的整体视觉效果更具有影响。

第一种情形是产品正常使用时容易被直接观察到的部位相对于其他部位较易观察，即从产品的外部和易见部位进行观察判断。审判人员在判断被控产品与外观设计专利是否相同、相近似时，应以产品的外观作为被判断的客体，通过视觉对产品的形状、图案、色彩进行观察。观察时应以产品易见部位的异同作为判断的依据。

第二种情形是外观设计的设计要点相对于其他设计特征的显著程度。在比对时，可对外观设计和被诉侵权产品设计特征的异同点进行客观、全面的总结，逐一判断各异同点对整体视觉效果造成影响的显著程度，最终通过整体观察、综合判断进行认定。

综合判断是在整体观察的基础上，对被控产品、外观设计专利产品的主要构成、重要新颖点进行判断。图案的外观设计，一般是由基地题材、构图方法、花样大小及色彩几个要素变换而成。对变化状态的物品的外观设计来讲，应以其使用状态作为基本状态进行综合判断。对于请求色彩保护的外观设计来讲，判断色彩是否相同、相近似，应根据颜色的三个属性即色相、纯度和明度进行综合判断。形状、图案是外观设计的基础，色彩是附着在形状、图案之上的，没有形状、图案，单纯的色彩不能成为外观设计。

从这个意义上讲，色彩保护具有从属性。因此，请求色彩保护的外观设计专利相同、相近似的判断，一般应先对被控产品与外观设计专利产品的形状、图案是否相同、相近似进行判断，如果判断为相同或相近似，再对色彩是否相同、相近似进行判断。与色彩有关可判断为相近似的外观设计，主要有以下几种情况：物品相同，形状、图案、色彩相似；物品相同，图案、色彩相似；物品相同，形状、图案、色彩相似；物品相似，形状、图案、色彩相同；物品相似，形状、色彩相似；物品相似，图案、色彩相似；物品相似，形状、图案、色彩相似。

相同的外观设计：外观设计的物品相同和设计相同，判断为相同。所谓物品相同，是指产品的用途和功能完全相同。如机械手表和电子手表，尽管它们的结构不同，但它们的用途和功能相同，故它们是相同的产品。所谓设计相同，是指形状、图案、色彩（或者结合）三个要素相同。一般产品的设计内容表现为以下几个方面：单纯的形状或图案设计，形状和图案二者结合的设计，图案和色彩二者结合的设计，形状、图案、色彩三者结合的设计。对于两种以上要素结合的设计，必须两种以上要素完全相同时，才能判断为相同的设计。

相近似的外观设计：物品相同，设计相近似，判断为相近似；物品相近似，设计相同，判断为相近似；物品相近似，设计相近似，判断为相近似。所谓物品相近似，是指同一类的产品，即是指用途相同、功能不同的物品。例如，钢笔与圆珠笔都是书写工具，其作用相同，但二者的功能不同，故二者属相近似的物品。

判断被控产品与外观设计专利产品是否相同、相近似是一项技术性、法律性很强的工作，判断过程中既要掌握运用好各项原则，又要掌握运用好各种方法，唯有这样，才能使判断结论客观、公正和合理。

五、专利侵犯行为类别

专利侵权行为主要表现为未经专利权人许可，以生产经营为目实施他人专利的行为。

专利侵权的构成要件主要表现为：①侵害的对象应是有效的专利。②有实施他人专利的行为，即行为人在客观上未经许可实施了他人的专利，并构成侵害行为。③以生产经营为目的。④实施专利的行为具有不法性。

专利侵权行为的种类主要包括以下四个方面。

(一) 非法实施侵权

非法实施侵权，即发明和实用新型专利权被授予后，除《专利法》另有规定的以外，任何单位或者个人未经专利权人许可，都不得实施其专利，即不得为生产经营目的制造、使用、许诺销售、销售、进口其专利产品，或者使用其专利方法，以及使用、许诺销售、销售、进口依照该专利方法直接获得的产品。

外观设计专利被授予后，任何单位或者个人未经专利权人许可，都不得实施其专利，即不得为生产经营目的制造、许诺销售、销售、进口其外观设计专利产品。非法制造专利产品，即未经许可以生产经营为目的通过机械或手工方式，做出具有权利要求所记载的全部必要技术特征的产品的行为。非法实施具体内容如下：

1. 非法制造专利产品

非法制造专利产品，即未经专利权人许可以生产经营为目的制作专利产品。制作是指专利权利要求中所记载的产品技术方案被实现，实现的方式可以是手工制造，也可以是机械制造。制造包括将部件组装成专利产品的行为和整体制造的行为。产品的数量大小、质量好坏不影响认定。

制造外观设计专利产品，是指专利权人向国务院专利行政部门申请专利时提交的图片或者照片中的该外观专利产品被实现。

2. 非法使用专利产品

非法使用专利产品，即未经专利权人许可，以生产经营为目的，使用专利产品。使用是指权利要求所记载的产品技术方案的技术功能得到了应用或技术效果得以实现，如自动锁具的技术功能在防盗门上得到了应用或实现。将侵犯发明或者实用新型专利权的产品作为零部件或中间产品，制造另一产品的，应当认定属于对专利产品的使用。

使用外观设计专利产品，是指该外观设计产品的功能、技术性能得到了应用。

3. 非法许诺销售专利产品

非法许诺销售专利产品，即未经许可以生产经营为目的，以做广告、在商店橱窗中陈列或展销会上展出等方式，做出销售商品的意思表示。在销售侵犯他人专利权的产品行为实际发生前，被诉侵权人做出销售侵犯他人专利权产品意思表示的，构成许诺销售。以做广告、在商店橱窗中陈列、在网络或者在展销会上展出等方式，做出销售侵犯他人专利权产品的意思表示的，可以认定为许诺销售。

4. 非法销售专利产品

非法销售专利产品，即未经许可以生产经营为目的有偿转让专利产品所有权的行为。侵犯专利权的产品买卖合同依法成立的，即可认定构成销售侵犯专利权的产品，该产品所有权是否实际发生转移一般不影响销售是否成立的认定。搭售或以其他方式转让侵犯专利权产品的所有权，变相获取商业利益的，也属于销售该产品。以生产经营目的赠送侵犯他人专利权的产品的，也属于销售。

将侵犯发明或者实用新型专利权的产品作为零部件或中间产品，制造另一产品后，销售该另一产品的，应当认定属于对专利产品的销售。但该中间产品在制造过程中的物理化学性能发生实质性变化的除外。

将侵犯外观设计专利的产品作为零部件，制造另一产品并销售的，应当认定属于销售外观设计专利产品的行为，但侵犯外观设计专利的产品在另一产品中仅具有技术功能的除外。

仅具有技术功能，是指该零部件构成最终产品的内部结构，在最终产品的正常使用中不产生视觉效果，只具有技术作用和效果。

将侵犯他人专利权的产品用于出租的，应当认定属于对专利产品的销售。

5. 非法进口专利产品

非法进口专利产品，即未经许可，以生产经营为目的将该产品从境外引入境内的行为。进口是指将落入产品专利权利要求保护范围的产品、依照专利方法直接获得的产品或者含有外观设计专利的产品在空间上从境外越过边界。

6. 非法使用他人专利方法以及使用、许诺销售、销售、进口依照专利方法直接获得的产品的行为

使用专利方法，是指权利要求记载的专利方法技术方案的每一个步骤均被实现，使用该方法的结果不影响对是否构成侵犯专利权的认定。

方法专利延及产品，指一项方法发明专利权被授予后，任何单位或个人未经专利权人许可，除了不得为生产经营目的使用该专利方法外，还不得为生产经营目的使用、许诺销售、销售、进口依照该专利方法所直接获得的产品。

依照专利方法直接获得的产品，是指将原材料、物品按照方法专利权利要求记载的全部步骤特征进行处理加工，使得原材料、物品在结构上或物理化学性能上产生实质性变化后所获得的原始产品。

另外，将上述原始产品进一步加工、处理而获得的后续产品，即以该原始产品作为中间部件或原材料，加工、处理成为其他的后续产品，应当认定属于使用依照该专利方法直接获得的产品。对该后续产品的进一步加工、处理，不属于使用依照该专利方法所直接获得的产品的行为。

发明专利公开日以及实用新型、外观设计授权公告日之前的实施行为，不属于侵犯专利权的行为。在发明专利公开日至授权公告日之间，即发明专利权的临时保护期内，实施该发明的单位或者个人应当向权利人支付适当的使用费。对其实施行为的判定，可以参照适用有关专利侵权的法律规定。发明专利申请公布时申请人请求保护的范围与专利公告授权时的专利权保护范围不一致，被诉侵权技术方案均落入上述两个保护范围的，应当认定被诉侵权人在临时保护期内实施了该发明。被诉侵权技术方案仅落入其中一个保护范围的，应当认定被诉侵权人在临时保护期内未实施该发明。

（二）假冒专利侵权行为

下列行为属于《专利法》第 63 条规定的假冒专利的行为：①在未被授予专利权的产品或者其包装上标注专利标识，专利权被宣告无效或者终止后继续在产品或者其包装上标注专利标识或者未经许可在产品或者产品包装上标注他人的专利号；②销售前述第一项产品；③在产品说明书等材料中将未被授予专利权的技术或者设计称为专利技术或者专利设计，将专利申请称为专利，或者未经许可使用他人的专利号，使公众将所涉及的技术或者设计误认为是专利技术或者专利设计；④伪造或者变造专利证书、专利文件或者专利申请文件；⑤其他使公众混淆，将未被授予专利权的技术或者设计误认为是专利技术或者专利设计的行为。

专利权终止前依法在专利产品、依照专利方法直接获得的产品或者其包装上标注专利标识，在专利权终止后许诺销售、销售该产品的，不属于假冒专利行为。

销售不知道是假冒专利的产品，并且能够证明该产品合法来源的，由管理专利工作的部门责令停止销售，但免除罚款的处罚。

（三）共同侵犯专利权行为

共同侵犯专利权行为往往又称为间接侵权行为，通常是指行为人诱导、怂恿、教唆别人实施他人专利，从而发生的侵害专利权的行为。例如，行为人销售专利产品的专用零部件，实施专利的专用模具设备，行为人未经专利权人授权擅自转让其专利技术等，行为人未经专利权人授权或委托擅自许可他人实施专利等。根据专利侵权判定指南的规定共同侵犯专利权行为的认定需要注意以下事项：

第一，两人或两人以上共谋实施或者相互分工协作实施侵犯专利权行为的，构成共同侵权。

第二，委托人明知他人实施的行为构成《专利法》第11条规定的侵犯专利权行为，而委托他人制造或者在产品上标明"监制"等类似参与行为，委托人与受托人构成共同侵权。

第三，明知他人的实施行为构成《专利法》第11条规定的侵犯专利权行为，而予以教唆、帮助的，教唆人或帮助人与实施人为共同侵权人，应当承担连带责任。

第四，行为人明知有关产品系专门用于实施涉案专利技术方案的原材料、中间产品、零部件或设备等专用产品，未经许可，为生产经营目的向他人提供该专用产品，且他人实施了侵犯专利权行为的，行为人提供该专用产品的行为构成帮助他人实施侵犯专利权行为，但该他人属于为私人利用等非生产经营目的实施他人专利的或《专利法》第69条第3、4、5款规定之情形的除外，由该行为人承担民事责任。

这里所称"专用"产品，应当以原料、产品等是否对实现涉案专利所请求保护技术方案具备实质性意义且具有"实质性非侵权用途"为判断标准，即若相应的原料、产品等为实现涉案专利技术方案所不可或缺且除用于涉案专利所保护技术方案而无其他"实质性非侵权用途"，一般应当认定该原料或产品等为"专用"。有关产品是否属于"专用"，应由权利人举证证明。

第五，明知行为人实施侵犯他人专利权的行为而为该实施行为提供场所、仓储、运输等便利条件的，构成帮助他人实施侵犯专利权行为。

第六，未经专利权人许可，行为人以提供图纸、产品说明书、传授技术方案、进行产品演示等方式，为生产经营目的积极诱导他人实施特定技术方案，且他人实际实施了侵犯专利权行为的，行为人的诱导行为构成教唆他人实施侵犯专利权行为。

第七，技术转让合同的受让人按照合同的约定受让技术并实施，侵犯他人专利权的，由受让人承担侵权责任。但转让人明知涉案技术侵犯他人专利权而予以转让的，可以认定转让人的转让行为构成教唆他人实施侵犯专利权行为。

六、专利权的法律救济

（一）民事保护

对侵权行为按下列方式处理：责令侵权人停止侵权行为。责令侵权人赔偿损失，依《专利法》第65条"侵犯专利权的赔偿数额按照权利人因被侵权所受到的实际损失确定；实际损失难以确定的，可以按照侵权人因侵权所获得的利益确定。权利人的损失或者侵权人获得的利益难以确定的，参照该专利许可使用费的倍数合理确定。赔偿数额还应当包括权利人为制止侵权行为所支付的合理开支"；"权利人的损失、侵权人获得的利益和专利许可使用费均难以确定的，人民法院可以根据专利权的类型、侵权行为的性质和情节等因素，确定给予一万元以上一百万元以下的赔偿"。没收侵权人由侵权行为所得的产品。消除影响。

（二）行政保护

行政制裁方式主要有：责令侵权人停止侵权行为，即责令侵权人立即停止擅自制造、使用、许诺销售、销售、进口专利产品或使用专利方法以及使用、许诺销售、销售、进口依据专利方法直接获得的产品的行为；调解；责令改正、没收违法所得、罚款。

（三）刑事保护

相关刑事责任主要涉及的罪名包括假冒他人专利，泄露国家机密，玩忽职守、滥用职权、徇私舞弊。

第三节　在专利侵权纠纷中权利人与律师的协作问题

一、权利人应该如实告知律师与案件相关的事实

在专利侵权纠纷中，权利人应该如实告知律师案件的真实情况，如专利产品的利润、企业的生产规模、在专利申请日前专利产品是否已经公开销售过等基础事实，帮助律师设计有效地诉讼方案和应对措施。

因为权利人自己或其经销商的销售记录可能破坏涉案专利的新颖性或创造性，从而导致专利权被宣告无效。

在涉及专利侵权损害赔偿环节时，可根据原告损失或被告获利等几种情况来计算损害赔偿额。在商谈到专利产品利润时，有时候，因商业利益或税务方面的考虑，有一些原告会低估专利产品的利润，但在谈及被告利润时，往往会夸大其词，以便获得较高的赔偿额。

有时候，原告特意淡化其企业经营规模、年销售量或销售额，除了不愿意透露商业秘密之外，有一些和代理费有一定关系。

由于可以审理专利案件的中级人民法院各省都有，且现在专利侵权纠纷管辖可以通过同时起诉制造者或销售者从而选择各地

的销售者所在地作为管辖法院。有些原告在某地起诉后，感觉案件不利，想在另外一地碰碰运气，而又不将不利情况如实告知代理律师。甚至有些案件已经出现了败诉判决，原告利用目前裁判文书未全部及时公布在互联网的空隙，快速地到其他地方起诉，以此获取不当的利益。

二、证据保全前要帮助律师确定被控产品与专利的区别

有经验的专利律师在代理专利侵权案件前，都需要提前做是否侵权分析，侵权分析的对象是被告的实际被控产品与原告的专利内容，这是专利侵权诉讼判定最核心问题，特别要注意的不是与原告的产品进行对比，而是与原告专利内容进行比较时，针对发明与实用新型，是与权利要求书比对，针对外观设计，是与外观设计图片进行对比。

而一些权利人进行预判时，以为只要被告的产品与原告产品做得一样的就认为侵权，不知道该种认识存在很多偏差，如原告产品是否进行过更新换代。例如，申报专利或许还是 1.0 版的产品，侵权产品早以步入 2.0 版本了，在申报专利时保护了哪部分内容，申请专利的要点是什么等，都可能存在不一致。稳健的做法是，以专利律师的角度将现在的被控产品和原告专利进行比较，得出一个是否侵权的分析意见。

而有时在起诉前很难提前获得被控产品或工艺，需要申请法院进行证据保全，此时只能凭借原告已经获得的有限技术信息进行预判，而此时有时候原告起诉心切，刻意地或笼统地说被控产品与原告专利完全一致，而不愿意或不知道如何提及两者存在的差别，在专利案件中，常常会出现失之毫厘谬以千里的现象。

三、权利人应帮助律师了解与专利相关的技术秘密以方便庭审沟通

在一些产品配方或工艺类专利侵权案件中，在专利申报时，

出于部分保密的需要，在保证满足专利法公开充分的要求下，一般情况会尽量不要将过于详细的配方或工艺公布于众，以保障技术秘密权益。

但涉及专利侵权诉讼时，为了更好地便于代理律师理解专利技术原理，理解专利技术效果，更好地适用等同侵权，需要对专利文书之外的未写出来的技术做一个了解，当然，此时的了解更多层面是对技术原理的了解，在具体庭审时，在仍然保守技术秘密的情况下，选择更合适和准确的方式来向法官解释技术原理就至关重要，这使得原告和律师的事前沟通很必要。

四、原告应该如实告知与案件相关的生产经营合作关系，防止判断失误

若原被告之间曾经存在生产经营合作关系，生产的图纸可能是由被告之前提供，被告是原告的专利产品的经销商，由于合作不愉快导致合作破裂。原告想通过起诉其专利侵权的方式打击曾经的合作伙伴，在与代理律师沟通过程中回避之前的恩怨故事，而使代理律师在庭上出现一头雾水的现象，有时候被告都能提供专利权人出具的合法授权书，这使原告律师很被动。

五、专利无效程序中防止专利权人的不利陈述

专利侵权诉讼常常伴随专利无效，而目前有一部分案件，专利侵权诉讼与专利无效程序委托不同的代理人，若在代理被告案件时，往往代理律师既接侵权诉讼，又同时接专利无效，而在代理原告起诉时，一般很少既接侵权诉讼又接无效案件，这样风险太大。

在无效宣告程序中，为了更好地维持专利权授权，需要限制技术特征内容或者对技术特征进行解释，这些均可能产生缩小专利权的保护范围，在侵权诉讼时可能被禁止反悔原则适用，从而导致不侵权的不利后果。而有时，原告可能隐瞒在无效宣告程序中已经做出过对专利保护范围不利的意见陈述。

第五章 商标的类、商标与 其他商业标识

　　早在公元前一千多年，古埃及的工匠就在他们制造和出售的工具、陶器和其他物品中刻上他们的标记，表明这些产品是他们制造的。随着 13 世纪欧洲商品经济的发展，行铺、行会盛行。很多业主生产和经营同一种商品，由于生产者的手艺熟练程度和原料的不同，产品质量各有差异，生产经营者为了推销自己的商品，便更多地使用商品标记。到了十七八世纪，商标使用范围更广，商标的形式也日益完备。早期的商标制度是通过法院的判例形成的。第一个经法院判决保护商品提供者的案例发生在 1618 年的英国。

　　商标作为一种私有财产权受法律的承认和保护，并成为一种法律制度，始于资本主义。1803 年，法国制定了《关于工厂、制造场和作坊的法律》，这是世界上最早的对服务商标提供注册的法律制度，在法国之后，其他资本主义国家也相继建立起了商标法律制度。19 世纪中叶以来，随着国际贸易的发展与调整国际经济技术关系的需要，建立商标国际保护制度成为必要。1883 年，法国、德国、比利时等 10 国发起缔结了《巴黎公约》，为经营者的商标获得国际保护提供了法律途径。

　　中国第一部商标法是 1904 年清政府颁布的《注册商标试办章程》，此章程由中国总税务司的赫德（英国人）起草，由外国人控制下的海关执行，具有典型的半封建半殖民地性质。

　　新中国成立后，政务院于 1950 年 7 月和 9 月分别公布了《商标注册暂行条例》和《商标注册暂行条例施行细则》。1982 年我

国颁布了《中华人民共和国商标法》（以下简称《商标法》），1983年3月1日起正式施行。1983年3月10日，国务院又发布了《中华人民共和国商标法实施细则》（以下简称《商标法实施细则》），这是新中国的第一部商标法。

《商标法》实施以后，我国于1985年参加了《巴黎公约》，1989年参加了《商标国际注册马德里协定》，1988年开始采用《商标注册用商品和服务项目分类表尼斯协定》，1990年发布了《商标印制管理办法》，1993年2月22日对《商标法》进行了第一次修改，1993年7月15日国务院批准第二次修订《商标法实施细则》。2001年10月27日，第九届人大常委会第24次会议通过《关于修改商标法的决定》，对《商标法》进行了第二次修改。2013年《商标法》又有了重大的修改，此次修改的主要精神如下：

第一，遏制商标抢注，进一步加大对已使用但未注册商标的保护力度。2013年《商标法》第15条增加第2款："就同一种商品或者类似商品申请注册的商标与他人在先使用的未注册商标相同或者近似，申请人与该他人具有前款规定以外的合同、业务往来关系或者其他关系而明知该他人商标存在，该他人提出异议的，不予注册。"

第二，增加赔偿额度，引入惩罚性赔偿制度。2013年《商标法》引入了惩罚性赔偿制度，规定对恶意侵犯商标专用权、情节严重的，可以在权利人因侵权受到的损失、侵权人因侵权获得的利益或者注册商标使用许可费的1~3倍的范围内确定赔偿数额。同时，新《商标法》还将在上述三种依据都无法查清的情况下，法院可以酌情决定的法定赔偿额上限从50万元提高到300万元。

第三，减轻商标权利人举证负担，使人民法院在确定赔偿数额时更有法可依。2013年《商标法》规定在商标侵权诉讼中，人民法院为确定赔偿数额，在权利人已经尽力举证，而与侵权行为相关的账簿、资料主要由侵权人掌握的情况下，可以责令侵权人提供与侵权行为相关的账簿、资料，侵权人不提供或者提供虚假的账簿、资料的，人民法院可以参考权利人的主张和提供的证据判定侵权赔偿数额。

第四，对商标注册审查和案件审理时限进行规定。2013 年《商标法》规定："对申请注册的商标，商标局应当自收到商标注册申请文件之日起 9 个月内审查完毕。"而针对涉及单方当事人的商标确权案件，新《商标法》增加了 9 个月的审理时限，针对涉及双方当事人的确权案件，增加了 12 个月的审理时限。有特殊情况需要延长的，经国务院工商行政管理部门批准，可以延长 3 个月或者 6 个月。此举有利于改善当前商标注册周期过长，影响当事人权利的情况，同时增强了商标获权时间的可预期性。

第五，诚信原则有助于商标代理组织行业的自我规范和良性发展。2013 年《商标法》增加了商标代理组织从事商标代理业务应当遵循诚实信用原则的内容，商标代理行业组织对违反行业自律规范的会员可实行惩戒并记入信用档案。当事人一旦发现商标代理组织或者代理人有任何不诚信、不正当手段时，均可向工商行政部门或者商标代理行业组织进行投诉和反映，若给当事人造成损失的，还有权依据新《商标法》要求代理组织赔偿。

第六，规定了声音商标，扩大了可注册的范围。2013 年《商标法》第 8 条规定了声音可作为商标申请注册。此后，广大消费者熟知的 QQ 消息声及诺基亚、Internet 等常见的声音标识将可以作为商标申请注册。

第七，方便申请人针对同一商标在多个类别的注册申请。2013 年《商标法》第 22 条第 2 款规定："商标注册申请人可以通过一份申请就多个类别的商品申请注册同一商标。"这对规模较大、跨类经营较多及注重保护性商标注册的企业无疑是个好消息。

第八，减少了被异议人商标确权过程的障碍，有利于被异议商标及时获权。2013 年《商标法》规定商标局对商标异议进行审理后，对异议不成立、准予注册的商标，将直接发给注册证，异议人不服的只能向商评委请求宣告该注册商标无效，而对商标局裁定异议成立、不予注册的，被异议人可以向商评委申请复审。对于异议人来说，如果异议不成立将不再具有提出异议复审的权利。

第九，杜绝部分恶意的异议申请，避免他人利用异议制度故意拖延商标注册的时间。2013 年《商标法》第 33 条将有权依据相对理由提出异议的主体，由原来的"任何人"改为"认为这一商标注册申请侵犯了其在先权利的在先权利人或者利害关系人"。但针对违反禁用和禁注条款的商标，新《商标法》继续保留了"任何人"可以提起异议的规定。

第十，驰名商标广告宣传的禁止。2013 年《商标法》第 14 条第 5 款规定："生产、经营者不得将'驰名商标'字样用于商品、商品包装或者容器上，或者用于广告宣传、展览以及其他商业活动中。"违反此规定的，根据第 53 条"由地方工商行政管理部门责令改正，处十万元罚款"。

第十一，明确了商标近似的混淆要件。2013 年《商标法》第 57 条明确了对于"在同一种商品上使用与注册商标近似的商标""在类似商品上使用与注册商标相同的商标"及"在类似商品上使用与注册商标近似的商标"三种商标使用行为是否构成侵权的判定，需要考虑是否满足"容易导致混淆"这一适用要素。

第一节　商标的特征和功能

商标是识别商品或服务来源的专用标记，它能够将不同的经营者所提供的商品或者服务区别开来。在我国，商标是为视觉或听觉所感知的显著标记。

商标的基本特征包含：①商标是使用在商品或者服务项目上的标记。②商标是经营者用来区别同一种或类似商品或者服务来源的标记。③商标以工商业活动为基础，是用于识别工商业活动的标识。④商标的构成要素可以是文字、图形、字母、数字、三维标记、颜色组合和声音等标识。

商标的功能是指商标发挥自身作用而对社会经济生活产生的积极影响。商标功能除了区别不同的商品和服务，最重要的经济作用是降低消费者的搜寻成本，在消费活动中维护消费者权益。商标的功能作用一般表现为：①来源标示功能，商标标识具有信息传递的媒介作用，它是一种区别商品和服务的符号，其初始功能为表现产品的出处。例如，肯德基和麦当劳就是分别传递了两种快餐服务的代表，供消费者选择。②市场竞争功能，不同的品牌个性，决定了其在市场上的竞争优劣。③商誉凝聚功能，不同的品牌对应的是不同的商品和服务的品质，不同品质代表不同的商业声誉和影响。④广告宣传功能，商标具有呼叫等简单直接的广而告之的作用。⑤文化引领功能，像耐克和苹果这样的商标，都是从一个行业领先者变成了一个品牌精神领袖，代表的已经不是一种产品、一种品质，而是一种追求、一种文化。

对经营者来讲培养和注册商标有时比专利保护更成功，在这方面最成功的代表性案例当属可口可乐品牌。1886年，可口可乐在美国佐治亚州亚特兰大市诞生，每天为全球的人们带来怡神畅快的美妙感受。2016年可口可乐位居全球100大最有价值品牌第三名，全球每天有17亿人次的消费者在畅饮可口可乐公司的产品，大约每秒钟售出19400瓶饮料。可口可乐目前为全球最大的饮料厂商，它的成功不仅是技术上的成功，更是品牌战略上的成功，使其保有上百年的历史，这是专利手段无法超越的。

第二节　商标的类

一、视觉商标、音响商标与气味商标

按商标被人们以何种方式感知，可分为视觉商标、音响商标与气味商标。

（一）视觉商标

视觉商标是指由文字、图形、三维标记、颜色的组合等可视性要素构成，人们可以用视觉感知的商标。

（二）听觉商标

听觉商标又称音响商标，是指由音符编成的一组音乐或某种独特的声音构成，人们可以用听觉感知的商标。声音商标，是由用以区别商品或服务来源的声音本身构成的商标。声音商标可以由音乐性质的声音构成，如一段乐曲；可以由非音乐性质的声音构成，如自然界的声音、人或动物的声音；也可以由音乐性质与非音乐性质兼有的声音构成。

我国首例声音商标的描述为："本件声音商标是中国国际广播电台广播节目的开始曲，全长 40125 秒，共 18 小节，四分之二拍慢板节奏，G 大调和 C 大调交替转换。前四小节为整段声音商标前奏部分，曲调为 G 大调；中间 11 小节为整段声音商标主题部分，曲调为 C 大调，其中第十二、十三小节播音员报出'中国国际广播电台'的呼号后音乐延续两小节，主题部分结束；最后三小节钢片琴再次奏响主题音乐，转调回 G 大调，该声音商标结束。"

声音商标申请人应当说明以何种方式或者在何种情形下使用声音商标。例如，在打开、关闭或使用商品过程中使用，在开始、结束或提供服务过程中使用，在经营或服务场所使用，在公司网站上使用，在广播、电视、网络或者户外等广告宣传中使用等。

（三）嗅觉商标

嗅觉商标是指由某种气味构成，人们可通过嗅觉感知的商标。

我国《商标法》第8条规定，任何能够将自然人、法人或者其他组织的商品与他人的商品区别开的标志，包括文字、图形、字母、数字、三维标志、颜色组合和声音等，以及上述要素的组合，均可以作为商标申请注册。我国目前的商标要素仅为视觉商标和音响商标，还没有确定保护气味商标。

二、注册商标和未注册商标

根据商标是否登记注册，商标划分为注册商标和未注册商标。注册商标是指经国家商标局核准注册的商标，未注册商标是指未经国家商标局核准注册的使用商标。注册商标的效力表现在以下三个方面：

第一，注册商标权人对其注册商标享有专有权，而未注册的使用商标则无专有权。

第二，注册商标权人可以排除他人在同一种或类似商品、服务上注册和使用与其注册商标相同或近似的商标。未注册商标一般无此等排他性。

第三，注册商标受到不法侵害，被他人假冒使用，商标权人可以依法要求侵权行为人承担侵权责任，未注册商标一般无此等请求权。

三、商品商标和服务商标

根据商标标示对象不同，商标划分为商品商标和服务商标。商品商标是指自然人、法人或其他组织在其生产、制造、加工、拣选或经销的商品上使用的商标，其使用对象是商品。服务商标是指自然人、法人或其他组织在其提供的服务项目上使用的商标，其使用对象是服务项目。该种分类对申请注册商标具有指导意义，即申请人要按照商品或服务的分类表进行填写和申报。

四、平面商标、立体商标及组合商标

根据形态的不同，商标可划分为平面商标、立体商标及组合商标。

（一）平面商标

平面商标，包括文字和图形商标。文字商标即以文字、数字、字母为构成要素的商标。图形商标，即由平面图形、颜色组合构成的商标。

（二）立体商标

立体商标，即以长、宽、高三种度量组成的三维标记为构成要素的商标。立体商标是以一个立体物质形态出现的商标，这种形态可能出现在商品的外形上，也可以表现在商品的容器或其他地方。

（三）组合商标

组合商标，包括颜色组合以及文字、图形、字母、数字、三维标记、颜色之间的组合构成商标。颜色的组合商标是指两种以上的颜色组合而成的商标。

五、集体商标和证明商标

根据商标具有的特殊作用，商标可分为集体商标和证明商标。

（一）集体商标

集体商标是指以团体、协会或其他组织名义注册，供该组织成员在商事活动中使用，以表明使用者在该组织中的成员资格的标记。集体商标的特殊性主要表现如下：

第一，集体商标的注册人只能是团体、协会等，并应当具有一定数量的成员。

第二，集体商标使用人只能是该集体组织的成员，不得许可非组织的成员使用，集体商标的使用具有封闭性。

第三，集体商标注册要求提供使用管理规则，对集体商标使用的手续、权利、义务，以及商品品质。

（二）证明商标

证明商标是指由对某种商品或服务具有监督能力的组织所控制，而由该组织以外的单位或个人使用于其商品或服务，用以证明该商品或服务的原产地、原料、制造方法、质量或其他特定品质的标记。证明商标的特殊性主要如下：

第一，商标注册人必须对商品或服务有监督控制能力（证明和监控该商品或服务的原产地、原料、制造方法、质量或其他特定品质）。

第二，具备条件的生产经营者成为使用者，使用者不得为注册人。

第三，申请与注册条件的特殊性，必须提供证明商标的使用管理规则。

六、制造商标与销售商标

根据商标使用者在商品的生产、流通过程中所处的不同环节来划分，可以将商标划分为制造商标和销售商标。

制造商标，也称生产商标，是商品制造者所使用的商标，如本田、联想都是制造商标。销售商标，又叫商业商标，是商品经营者使用的商标，如玛莎超市、红旗超市都是销售商标。

七、等级商标和防卫商标

等级商标是指同一个企业对同类商品因规格、质量不同而使用的系列商标。

防卫商标是指为了防止他人的使用或注册而对自己的核心商标所进行的注册，包括联合商标和防御商标两种形式。

联合商标是指同一个商标所有人在同一种或者类似的商品和

服务上注册两个或两个以上近似的商标，联合商标的特征如下：

（1）保护主商标，如注册主商标"夸夸乐"，同时注册"夸乐夸""乐夸夸"。

（2）在同种或类似商品上注册系列近似的商标，目的是防止他人注册和使用与主商标近似的商标。

（3）联合商标的转让要求不得分别转让，联合商标在转让注册商标时应当一并转让，当转让主商标"夸夸乐"时，同时也转让注册的副商标"夸乐夸""乐夸夸"。

防御商标，是指驰名商标所有人在该商标核定使用的商品、服务以外的其他类别商品、服务上也加以注册，防御商标的特征如下：

（1）在非类似商品上注册相同的商标。例如，在电视机上注册了 TTCL，为了防止淡化，在其他类别上也注册 TTCL。

（2）防止他人在不同类别的商品上使用该商标，反淡化。

（3）延伸注册商标权利。

第三节　商标与其他商业标识

一、商标与商品装潢

商品装潢，是指为宣传和美化商品而附加的装饰，其构成为文字、图案、色彩、造型或其他设计。商标与商品装潢往往都出现在商品信息标识中，但他们的法律意义有以下不同表现。

（1）使用目的不同。商品装潢是用来美化商品的，商标则用于区分商品。

（2）构图设计不同。商品装潢设计可繁可简，且无特别限定，商标设计则要求简洁，不能太复杂，设计要素有诸多限定。

（3）选材要求不同。商标所使用的文字或图案一般不能与商品内容相同，而商品装潢则不受此限制。

（4）使用要求不同。商标是商标权人专用的，经核准注册后，非经商标主管机关批准不得随意改变。而商品装潢不具有限定使用性，装潢的设计者可以根据市场销售的需要随意变动装潢的图案和文字。

（5）保护的依据不同。商标主要受商标法保护，使用商标法的规定，商品装潢则可能受版权、专利以及反不正当竞争法的保护。商品装潢受保护的依据一般是《反不正当竞争法》规定"知名商品"的商品装潢才能够得到保护。"知名商品"是"市场上具有一定知名度，为相关公众所知悉的商品"，专利法保护具有专利授权的商品装潢外观设计，版权法保护具有独创性的装潢设计。

二、商标与商号

商号是指的企业名称，主要表现为企业名称中的特征部分。商号与商标的区别如下：

（1）识别的对象不同。商号识别企业，商标识别商品和服务。

（2）使用要求不同。商号进行工商登记后，取得行为能力，方可使用。而商标申请注册，获得专用权，不登记也可使用，一个企业只能有一个商号，但可以有多个商标。注册时商标要求具有显著性，而商号则要求法定性。

（3）登记注册的法律效力不同。商号登记的效力具有行政区划的限定，而商标注册则无此限定。

（4）使用企业名称可能和商标冲突。

企业名称商标注册及保护：实务中往往有申请人把企业名称作为商标进行注册申请的情况。其申请原因主要是：一是申请人想把具有行政区划限制的企业名称注册为商标取得全国范围的保护。二是在经营中有将企业名称单独使用或与其他标识一起突出使用的需求。三是企业名称没有字号部分，如"四川省体育产业集团有限公司"在将企业名称的简称注册为商标的同时将企业名称注册为补充保护。四是使用标识中含有县级以上行政区划,难以注册保护,希望用全称尝试注册,如"北京"难以注册,尝试注册全称"北京饭店"。

将企业名称注册为商标需注意如下事项:

(1)仅含企业名称的商标申请风险较大,仅含企业名称的商标审查标准没有明确定论,且近年来的审查趋严,因缺乏显著性而被驳回情况很多,注册风险较大。

(2)企业名称+其他显著特点进行申请较为稳妥,经营者有使用企业名称作为商标标识的需求的,建议采用企业名称+其他显著部分共同申请。其他显著部分可以通过将企业名称中字号部分突出,也可以是富含个性的文字、图形、色彩的搭配,要突出个性和整体显著性。

(3)企业名称具有一定知名度的,可通过复审争取权利,如果申请人认为自己对企业名称进行了商标性使用,并将商品或者服务大量投入市场,具有一定的知名度与影响力,企业名称在相关公众中已经能够起到直接区分商品或者服务来源作用的,即使仅含企业名称的商标申请被驳回,也可以通过驳回复审程序挽回。在驳回复审中,申请人可以通过提供大量使用证据,证明企业名称已经通过使用具备《商标法》规定的显著性,也可能注册成功。

(4)要注意申请企业名称商标与申请人名称一致,2017年初公告的最新《商标审查及审理标准》中明确了构成《商标法》第10条第1款第7项,容易使公众对商品或者服务的来源产生误认的情形,在注册申请审查阶段应当予以驳回。例如,江苏省宁海商标事务所有限公司在服务商标类别第45类、第4506组法律服务上申请注册"香港宁海商标事务所有限公司"即构成上述情况。只要申请商标中包含企业名称包括全称拼音及英文的,都会做一致性审查。

（5）对于申请人名义与申请的企业全称一致的，要尽量用"企业名称＋其他显著部分"申请注册，对于仅以企业名称申请注册商标的，商标局对以含有字号的企业名称申请商标的，会对其显著识别部分字号进行审查。例如，××快注知识产权服务有限公司，其显著识别部分为"快注"，对于不含字号的，商标局一般认定为不具有显著性予以驳回。主要原因是企业名称与商标不同，不具备商标直接区分商品或服务来源的识别功能。企业名称缺乏作为商标应当具有的显著性，难以达到直接识别商品或服务来源提供者的功能。

新《商标审查及审理标准》中，将原标准中认定"同我国的国家名称相同或者近似的"情形的例外，"商标含有与我国国家名称相同或近似的文字，但其整体是报纸、期刊、杂志名称或者依法登记的企事业单位名称的"中的"依法登记的企事业单位名称"删除了。这是针对含中国国名的商标审查标准的变化，也是对企业名称商标审查趋势改变的一个体现。

以"企业名称＋其他显著部分"申请注册商标的审查，企业名称如果加上了其他显著部分就会使得整体具有显著性。针对此类申请商标，商标局不会简单地以企业名称缺乏显著性予以驳回，而会对除企业名称外的其他显著部分进行审查。同时，如果企业名称中本身含有字号，也会对字号部分进行审查。

如果申请商标中的字号及其他显著部分经审查均具备可注册性，商标就能够顺利注册。

三、商标与地理标志

我国《商标法》第16条第2款规定，地理标志，是指标示某商品来源于某地区，该商品的特定质量、信誉或者其他特征，主要由该地区的自然因素或人为因素所决定的标志构成。地理标志可以用作商标，但与普通商标有区别，商标与地理标志的区别主要有以下几种。

（1）含义不同。虽然商标和地理标志的作用在表达商品的品质、特性、信誉等方面具有相似性，在法律保护方面也具有一定的交叉性，但是他们各自具有不同的含义和作用，地理标志主要是用来区分特定商品的产地，商标则用于区别一般产品或服务。

（2）使用及归属不同。地理标志适用特定领域，特定的商品（具有特定自然、地区、品质、信誉等特色的产品）使用地理标志的主体需要符合一定的条件。

注册商标非经商标权人同意，他人不得使用。而原产地名称的专有性是原产地企业的专有权，属于该产地的企业都可以使用同一原产地名称，非原产地的企业则不得使用。

注册商标属于商标注册人所有，商标注册人可以依法转让或许可他人使用注册商标。而原产地名称不属于任何个人所有，个人不能申请注册，更不能进行原产地名称的转让或许可使用。

以下为一个关于地理标志商标的案件。[①]

射阳县大米协会于 2002 年向国家商标局申请注册"射陽大米及图"集体商标，其中"大米"放弃专用权。2005 年 4 月"射陽大米及图"集体商标经国家商标局核准注册，核定使用商品为第 30 类米，注册地址为江苏省盐城市射阳县。2006 年 6 月 27 日，朱坦向国家工商总局商标局申请注册"射場 She chang"商标。2009 年"射場 She chang"商标经国家商标局核准注册，注册号为第 5444659 号，核定使用商品为第 30 类米、食用面粉等，注册地址为江苏省滨海县陈涛乡工业园区内，注册有效期限自 2009 年 5 月 28 日至 2019 年 5 月 27 日。2009 年 8 月朱坦将第 5444659 号"射場 She chang"注册商标许可给以祝米厂使用，许可期限至 2015 年 11 月 9 日。2014 年 11 月 1 日大米协会的调查人员发现赵长军在其经营的"赵家粮铺"销售了射場大米，其"射

---

① 参见江苏省盐城市中级人民法院〔2014〕盐知民初字第 00078 号，江苏省高级人民法院〔2015〕苏知民终字第 00165 号。

场大米"字样与涉案"射陽大米及图"注册商标中的"射陽大米"，均以行书字体书写，且都使用在大米商品上，极易造成消费者的误认和混淆。

一审法院认为，赵长军销售"射場大米"的行为，侵犯了大米协会第3265993号"射陽大米及图"注册商标专用权。因此，判决以祝米厂、赵长军立即停止侵害大米协会第3265993号"射陽大米及图"注册商标专用权的行为。

法院一、二审意见：

法院一审认为，虽然以祝米厂与案外人朱坦签订有商标使用许可合同，但其在核定使用的商品上使用第5444659号"射場"注册商标时，实际上是将第5444659号"射場"注册商标和"大米""da mi"标识组合使用，使之浑然一体，形成一个新的标识——"射場大米"，这种组合使用方式已经改变第5444659号"射場"注册商标的显著特征。因此，以祝米厂的上述行为已不属于商标法保护的商标专用权的范围。以祝米厂在其生产、销售的大米上使用"射場大米"标识的行为，侵犯了大米协会第3265993号"射陽大米及图"注册商标专用权。

法院二审认为，"射陽大米及图"作为集体商标，虽然在商标注册证上声明对"大米"放弃专用权，但基于该商标系地理标志商标，该地理标志商标由地名"射陽"和产品名称"大米"及图组成，因此在确定其禁用权范围时，仍应当限定于"射陽大米及图"的组合使用方式，并在侵权判定时将被控侵权标识与"射陽大米及图"地理标志商标进行整体比对。大米协会"射陽大米及图"地理标志商标具有较高的知名度和显著性。以祝米厂具有攀附"射陽大米及图"地理标志商标商誉的主观意图。相关公众容易对"射陽大米及图"地理标志商标及被控侵权标识"射場大米She chang da mi"产生混淆或误认。因此，驳回上诉，维持原判决。

法院判决意义：地理标志是一种特殊的商业标识，通常采用"具体地名＋产品通用名称"的方式。在司法实践中，被控侵权人往往抗辩被控侵权行为系对上述地名和产品通用名称的合理使用，不构成商标侵权。对此，法院认为，我国《商标法》第 10 条第 2 款规定，县级以上行政区划的地名不得作为商标，但是，地名作为集体商标、证明商标的组成部分的除外。《商标法》第 11 条规定，仅有本商品的通用名称、图形、型号的标志，不得作为商标注册。由此可见，单独的"县级以上行政区划地名"或者"产品通用名称"本身并不能获得商标注册，除非该地名与产品通用名称结合作为集体商标或证明商标。地理标志之所以采用"具体地名＋产品通用名称"的方式获得商标注册，这是因为地理标志所标识的某一类通用产品的特定质量、声誉或其他特征基本上可归因于生产地的气候、地质、土壤以及品种等自然因素和与之相适应的生产技术、加工工艺等人为因素，因此在注册并实际使用地理标志商标时，往往需要在通用产品名称前加上地名，即连用"具体地名＋产品通用名称"，以凸显来自该地区的该类通用产品具有特殊的品质及其特有的风格。

地理标志商标在一定意义上是将公用资源纳入了其商标专用权的范围，故在确定此类商标专用权的保护范围时，必须充分考虑公共利益和商标权利的平衡。即地理标志商标专用权与禁用权范围，都应当特别限定于"具体地名＋产品通用名称"的组合使用方式。一方面，商标专用权的范围不能扩张到地名或者通用名称的单独使用方式。另一方面，其禁用权的范围不能不当剥夺他人合理使用地名或者产品通用名称的正当权利，不能扩张为禁止他人单独使用地名或者产品名称等其中一项要素，而他人也不能使用与地理标志商标中与地名相近似的文字加产品通用名称组合使用的标识。

四、商标与特殊标志

特殊标志是指在经国务院批准举办的全国性或国际性的文化、体育、科学研究及其他社会公益活动中所使用的，由文字、图形组成的名称及其缩写、会徽、吉祥物等标志。

（1）特殊标志的所有人是文化、体育、科学研究及其他社会公益活动的主办者，而不是以营利为目的的经营者。特殊标志适用特定领域的社会公益活动。

（2）特殊标志的所有人对其标志享有专有权，可以在与所有人主办的公益活动相关的广告、纪念品及其他物品上使用该标志，并可许可他人为商业目的而将该标志用于商品或者服务项目上。

（3）在商品上使用特殊标志并不是表示产品的出处，而是表明该商品或者服务项目的经营者取得了标志所有人的许可，或者与标志所标示的事业或者活动之间有支持关系、赞助关系。

（4）特殊标志适用特殊标志管理条例，具体制度，权利内容、权利时间（4年）等均与商标有着明显的区别。

五、商标与域名

域名是互联网上地址的表示形式，由字母、数字等组成。其与商标具有以下不同特征。

（1）域名具有国际性。商标则具有地域性。

（2）域名具有唯一性。商标则平行使用相安无事。

（3）域名先注册先占。

六、商标与商品名称

商品名称是指用以区别其他商品而使用在本商品上的称谓。商品的名称包含了商品的通用名称和特定名称。商品通用名称是对同一类商品的一般称呼，商品特定名称是指在商品通用名称前冠以该商品的产地、性能和特点的名称，商品的通用名称不得注册，但是商品的特定名称符合商标注册条件的，可以注册成为注册商标。

商标与商品名称往往密不可分。商标是使用在商品上的标记，当我们提到某一品牌时，必定要有指向对象，在其后说明使用该商标的商品名称。

商标受商标法的调整，有关商标的注册、使用、转让、许可使用等均由商标法进行规制，注册商标权人对该商标享有专有使用权，依法受到保护。商品通用名称是公共资源，不专属于任何人。

关于通用名称认定：商品通用名称包括行业内的规范名称和商业实践中约定俗成的别称、简称、俗称等。通用名称属于"共用名称"，仅能标示商品或服务的种类，无法发挥类似商标那样指示商品或者服务来源的功能。例如，"福尔马林"是甲醛的通用名称，盐、调味品、自行车等都是商品的通用名称。正是通用名称具有公有属性，使得消费者仅凭通用名称无法确定商品来源。通用名称如被少数经营者垄断，将大大增加消费者选购商品的搜索成本，因此世界各国法律均禁止将通用名称以商标注册的形式私有化。我国商标法也是如此。

我国法律实践中对商品通用名称的认定，除了考虑国家标准和行业标准，同行业经营者约定俗成、普遍使用的名称和专家意见，专业工具书、辞书等公开出版物中记载的内容，还要根据下列因素来判定。

(一) 考虑消费者的普遍认知

美国长期的司法实践表明，判断商标显著性和通用名称的认知主体应当是相关消费者。美国第三巡回法院曾明确指出："是相关消费者，而不是法院来决定这个词语到底是不是指示一类产品。"我国在司法实践中，对消费者的普遍认知也比辞书、工具书等出版物的佐证更为重视。这是因为辞书等公开出版物由于撰写主体不同，对同一事物的认知存在差异，在编纂成书过程中与人们"约定俗成"的看法相悖的情形并不鲜见。例如，在 21 金维他案中，尽管《中国药品标准品种汇编》和《江西省药品标准汇编》中均把 21 金维他片载为中文通用商品名，但法院仍坚持商品的通用名称应该按我国《商标法》的规定理解和认定。

（二）考虑通用名称的相关地域范围

在"兰贵人"商标案中，法院认定"兰贵人"为茶叶的通用名称。虽然"兰贵人"只是主要存在于福建、广东、广西、海南、云南五省区的茶品，但其与生俱来的地方特色——发端于我国台湾地区、福建，得到沿海各省区的广泛认可，持续时间达八、九年，虽然没有及于全国，但属于至少南方五省区茶叶行业普遍共同使用的茶品名称。

相反，对于使用范围过小的商品名称，则不宜认定为通用名称。在"子弹头"案中，三鹰公司提交的证据仅可证明在河南省柘城县和贵州省遵义地区有辣椒品种被称为"子弹头"。三鹰公司并未提交证据证明在我国其他辣椒产区有将"子弹头"作为辣椒俗称的情形，因此二审法院最终并未认可其为辣椒的通用名称。

（三）考虑通用名称与经营者的关联性

在"小肥羊"商标案中，通过小肥羊公司大规模的使用和宣传，"小肥羊"已具备了识别服务来源的显著特征。当相关公众看到这一名称时可以自然地与小肥羊公司相联系，而不是指"一两岁小羊"的通用名称。商品（或服务）名称通过大规模的使用和宣传，已经获得超出其字面含义、具有显著特征的"第二含义"，从而获得法律保护。

第六章 商标的显著性、正当性、禁止性及注册与审查

第一节 商标的显著性

我国《商标法》第 8 条规定：任何能够将自然人、法人或者其他组织的商品与他人的商品区别开的标志，包括文字、图形、字母、数字、三维标志、颜色组合和声音等，以及上述要素的组合，均可以作为商标申请注册。

我国《商标法》规定任何能够将不同企业生产经营的商品区别开的标记可作为商标，但同时又对该种标记的范围予以限制，排除气味商标等商标，强调了可以注册的范围包括可视性商标和听觉感知的声音商标。

一、商标显著性的意义

商标的显著性是指商标的构成要素应具有明显的特征，使消费者能够区分，并凭借商标购买商品或接受服务。商标的显著性要求构成商标的文字、图形或其组合从总体上具有明显的特色，能与他人同种或类似商品上的商标区别开来，在市场交易中足以使一般人据以辨别不同经营者提供的商品或服务，即商标具有独特性和可识别性。

显著性是商标的自然属性和本质属性，使商标以此特征与他人的标志相区别。如果消费者无法通过商标区分商品和服务的提供者，商标就无意义，同时显著性的要求也是市场上公平竞争的

需要。

各国的《商标法》都明确或暗示性地将显著性作为商标的一项基本要求。对显著性的要求一般体现在各国对商标的界定中。有的法律将显著性予以明文规定。还有一些国家的《商标法》并未明确规定显著性，而是采取了暗示的规定方式。例如，德国《商标法》第 3 条第 1 款规定："可以作为商标保护的标志：任何能够将其使用的商品或服务与使用其他标志的商品或服务相区别的标志，可以作为商标获得保护，尤其是文字、图案、字母、数字、声音标志、三维造型（包括商品或其包装以及容器的形状），还包括颜色或颜色的组合。"《与贸易有关的知识产权协议》把商标界定为："任何能够将一企业的商品或服务与其他企业的商品或服务区分开的标记或标记组合。"两处条文中"区别""区分"的要求就暗示了商标应具有显著性。

对商标进行显著性审查时，一般采用否定性审查的原则。法律无法穷尽列举哪些标记具有显著性，而是规定在何种情况下标记被认为不具有显著性。我国《商标法》把商标的显著性分为固有的显著性和获得的显著性。

二、商标固有的显著性

商标固有的显著性即商标所使用的文字、图形、字母、数字、三维标记或颜色的组合等要素标记立意新颖、简洁醒目、富有个性，与指定使用的商品没有直接的联系，能够起到区别商品出处的作用。获得的显著性是指缺乏显著性的商标或由本商品的通用名称、图形、型号，直接表示商品的质量、主要原料、功能、用途、重量、数量及其他特点的商标经过使用取得显著特征，并便于识别的，可以作为商标注册。

《商标法》第 11 条规定，下列标志不得作为商标注册：①仅有本商品的通用名称、图形、型号的；②仅仅直接表示商品的质量、主要原料、功能、用途、重量、数量及其他特点的；③缺乏显著特征的。上述所列标志经过使用取得显著特征，并便于识别的，可以作为商标注册。

《商标法》第 12 条规定，以三维标志申请注册商标的，仅由商品自身的性质产生的形状、为获得技术效果而需有的商品形状或者使商品具有实质性价值的形状，不得注册。根据《商标法》第 11 条和 12 条的规定，下列商标缺乏显著性：

（1）商标仅由指定使用商品的通用名称、图形、型号的缺乏显著性；

（2）商标仅由指定使用商品的质量、主要原料、功能、用途、重量、数量及其他特点具有直接说明性和描述性的标志构成的缺乏显著性；

（3）商标仅有为获得技术效果而需有的商品形状的缺乏显著性，为获得技术效果而需有的商品形状是指为使商品具备特定的功能，或者使商品固有的功能更容易地实现所必需使用的形状；

（4）商标仅有使商品具有实质性价值的形状的缺乏显著性，使商品具有实质性价值的形状，是指为使商品的外观和造型影响商品价值所使用的形状。

仅由商品自身的性质产生的形状、为获得技术效果而需有的商品形状，或者使商品具有实质性价值的形状这个事实对任何生产经营者来讲都是不可改变的。如果允许将其注册为商标，并独占使用，对其他相关产品的生产经营者是不公平的。

三、商标获得的显著性

获得的显著性又叫后生显著性，即商标本身不具有显著性，但经过长期使用，使得消费者事实上已经将该标记与特定的商品联系在一起，则该商标就被认为起到了区别商品来源的作用，获得了显著性。获得显著性规则的应用应注意以下内容：

（1）获得的显著性的适用通常针对通用名称的商标和描述性标志以及其他缺乏显著性的标志，禁用标志不使用获得显著性规则。

（2）商标局在审查中应该严格要求固有的显著性，以使商标法立法的目的得以实现，控制第二显著性的适用和举证。

（3）获得的显著性通常依复审程序认定第二显著性。

第二节 商标注册的正当性

《商标法》第 32 条规定申请商标注册不得损害他人现有的在先权利，也不得以不正当手段抢先注册他人已经使用并有一定影响的商标。申请注册的商标，不得与他人在先取得的合法权利相冲突。

商标注册的正当性强调诚实信用原则，强调尊重他人在先权利。在商标注册申请过程中，实行的是先申请原则，它有利于人们及时地将自己使用的商标向国家商标行政主管机关提出注册申请，以防止他人率先提出申请从而不能继续使用该商标与受到法律保护。根据《商标法》对注册正当性的要求，下列行为构成不当注册。

一、损害他人在先权利

损害他人在先权利是指注册商标人对他人于商标注册申请日之前取得的著作权、外观设计专利权、姓名权、肖像权、企业字号、地理标志等有可能构成损害的注册行为。

《商标法》第 32 条规定的在先权利，包括当事人在诉争商标申请日之前享有的民事权利或者其他应予保护的合法权益。诉争商标核准注册时在先权利已不存在的，不影响诉争商标的注册。损害在先权利的注册通常表现为以下方面。

（一）损害在先著作权

损害在先著作权，即商标注册应尊重申请日以前的版权，不得将他人享有版权的作品非法注册。损害在先著作权的系争商标应当不予注册或予以无效宣告。

当事人主张诉争商标损害其在先著作权的，人民法院应当依照《著作权法》等相关规定，对所主张的客体是否构成作品，当事人是否为著作权人或者其他有权主张著作权的利害关系人以及诉争商标是否构成对著作权的侵害等进行审查。

商标标志构成受《著作权法》保护的作品的，当事人提供的涉及商标标志的设计底稿、原件、取得权利的合同、诉争商标申请日之前的著作权登记证书等，均可以作为证明著作权归属的初步证据。

商标公告、商标注册证等可以作为确定商标申请人为有权主张商标标志著作权的利害关系人的初步证据。

当事人主张诉争商标损害角色形象著作权的，人民法院按照损害在先著作权进行审查。对于著作权保护期限内的作品，如果作品名称、作品中的角色名称等具有较高知名度，将其作为商标使用在相关商品上容易导致相关公众误认为其经过权利人的许可或者与权利人存在特定联系，当事人以此主张构成在先权益的，人民法院予以支持。

构成损害在先著作权的条件是：①系争商标申请注册之前他人已经在先享有著作权，在先著作权的事实可以通过著作权登记证书，在先公开发表作品的证据，在先创作完成的证据，在先通过继承、转让等方式取得著作权的证据材料证明；②系争商标与在先著作权的作品相同或实质上相似；③系争商标注册申请人接触过或有可能接触到他人享有著作权的作品；④系争商标注册申请人未经著作权人的许可。

（二）损害在先外观设计专利权

损害在先外观设计专利权，即商标注册应尊重申请日以前的外观设计专利权，不得将他人的外观设计用于立体商标注册。损害在先外观设计专利权的系争商标应当不予注册或予以无效宣告。

构成损害在先外观设计专利权的要件是：①系争商标申请注册及使用之前他人已在先享有外观设计专利权，该外观设计专利的授权日应当早于系争商标注册申请日及使用日，当事人应当提交外观设计专利证书，年费缴纳凭据等证据材料；②系争商标与外观设计相同或近似，既可以就系争商标与外观设计的整体进行比对，也可以就系争商标的主体显著部分与外观设计的要部进行比对，原则上适用商标相同近似的审查标准。

（三）损害他人肖像权

损害他人肖像权，即商标注册应尊重他人的肖像人格权，不得将他人的肖像非法注册为自己的商标。未经许可将他人肖像申请注册商标，给他人肖像权可能造成损害的，系争商标应当不予注册或予以无效宣告。

构成损害他人肖像权的条件是：①系争商标图样指向肖像权人；②系争商标的注册给他人肖像可能造成损害，他人是提出异议不予注册复审或无效宣告申请时在世的自然人，肖像包括照片、肖像画、视频等表现形式。

（四）损害他人姓名权

损害他人姓名权，即商标注册应尊重申请日前他人的姓名权。损害他人姓名权的系争商标应当不予注册或予以无效宣告。当事人主张诉争商标损害其姓名权，如果相关公众认为该商标标志指代了该自然人，容易认为标记有该商标的商品系经过该自然人许可或者与该自然人存在特定联系的，人民法院应当认定该商标损害了该自然人的姓名权。当事人以其笔名、艺名、译名等特定名称主张姓名权，该特定名称具有一定的知名度，与该自然人建立了稳定的对应关系，相关公众以其指代该自然人的，人民法院予以支持。

构成损害他人姓名权的要件是：①系争商标指向该姓名权人，该他人是提出异议、不予注册复审或无效宣告申请时在世的自然人。②系争商标的注册可能给他人姓名权造成损害，对可能造成的损害应当以相关公众容易将系争商标在其注册使用的商品上指向姓名权人或与姓名权人建立对应联系为必要。③系争商标的注册未经姓名权人许可，未经许可使用他人的姓名申请注册商标或明知为他人姓名，却基于损害他人利益的目的申请注册商标的，应当认定为对他人姓名权的损害。在系争商标申请注册日之前姓名权人撤回许可的，超出姓名权人许可使用的商品或服务之外申请注册商标的，在姓名权人未明确许可的使用商品或服务上申请注册商标的，视为未经许可。④抢注政治、文化、宗教、民族领域，或公众人物姓名、已故人姓名的应当依据《商标法》第10条第7项或第8项的规定，根据2017年1月4日修订的《商标审查及审理标准》和最高法院最新发布的《审理商标确权行政案件若干问题的规定》处理。抢注公众人物姓名的可以依据其影响驳回、申请撤销或对初审商标提出异议，具体情况分为：

第一，适用《商标法》第10条第7项的规定。例如，未经本人许可注册蔡明、章子怡等明星人物姓名商标，依照第7项带有欺骗性，容易使公众对商品的质量等特点或者产地产生误认的予以驳回、申请撤销或对初审商标提出异议。这类抢注不仅损害公众人物的姓名权，而且还会造成相关公众对商品或服务来源的误认。

第二，适用《商标法》第10条第8项的规定。这类公众人物是特指宗教人物、政治人物、文化人物、民族英雄等，他们的姓名不同于一般的公众人物，把他们的姓名注册为商标造成的损害和影响是不同的。他们通常是国家或行业、民族等群体代表，而非个人代表，足以对社会公共利益和公共秩序造成消极和负面影响。例如，将老子、梅兰芳注册在教育培训上应因适用第10条第1款第8项的不良影响条款而驳回、申请撤销或对初审商标提出异议。

（五）损害在先企业字号

损害在先企业字号，即商标注册应尊重申请日以前的企业字号，不得将其企业字号注册为自己的商标。损害在先企业字号的系争商标应当不予注册或予以无效宣告。

当事人主张的字号具有一定的市场知名度，他人未经许可申请注册与该字号相同或者近似的商标，容易导致相关公众对商品来源产生混淆，当事人以此主张构成在先权益的，人民法院予以支持。当事人以具有一定市场知名度并已与企业建立稳定对应关系的企业名称的简称为依据提出主张的，适用前款规定。

构成损害在先企业字号的要件：①该字号在系争商标申请注册之前就已经注册使用，在先字号的事实可以通过企业登记资料、使用该字号的商品交易文书、广告宣传材料等加以证明。②该字号在中国相关公众中具有一定的知名度。③系争商标申请注册与使用容易导致相关公众产生混淆，混淆的可能性是指系争商标的注册与使用将会导致相关公众误以为该商标所标识的商品或服务来自于字号权人或者与字号权人有某种特定联系，认定系争商标容易与在先字号发生混淆，可能损害在先字号权人的利益。应综合商标与字号的近似程度，先字号的独创性、知名度。④系争商标指定使用的商品或服务与字号权人实际经营的商品或服务的关联度。

（六）损害地理标志

损害地理标志，即商标注册应尊重申请日以前的地理标志。损害地理标志系争商标应当不予注册或予以无效宣告。地理标志，是指标示某商品来源于某地区，该商品的特定质量、信誉或者其他特征，主要由该地区的自然因素或者人文因素所决定的标志。商标中有商品的地理标志，而该商品并非来源于该标志所标示的地区，误导公众的，不予注册并禁止使用。但是，已经善意取得注册的继续有效。

地理标志利害关系人依据《商标法》第 16 条主张他人商标不应予以注册或者应予无效，如果诉争商标指定使用的商品与地理标志产品并非相同商品，而地理标志利害关系人能够证明诉争商标使用在该产品上仍然容易导致相关公众误认为该产品来源于该地区并因此具有特定的质量、信誉或者其他特征的，人民法院予以支持。

如果该地理标志已经注册为集体商标或者证明商标，集体商标或者证明商标的权利人或者利害关系人可选择依据该条或者另行依据《商标法》第 13 条、第 30 条等主张权利。

（七）损害域名权

损害域名权，即商标注册应尊重申请日以前的域名权。损害域名权的系争商标应当不予注册或予以无效宣告。

（八）损害在先知名商品或服务特有的名称、包装、装潢

损害在先知名商品或服务特有的名称、包装、装潢，即商标注册应尊重申请日以前在先知名商品或服务特有的名称、包装、装潢，损害在先知名商品或服务特有的名称、包装、装潢的系争商标应当不予注册或予以无效宣告。

构成对知名商品或服务特有的名称、包装、装潢的损害的要件：①在系争商标申请注册前他人已经在先使用知名商品或服务特有的名称、包装、装潢；②他人知名商品或服务特有的名称、包装、装潢未获准注册为商标；③系争商标与他人知名商品或服务特有的名称、包装、装潢相同或近似；④系争商标的注册与使用容易导致相关公众产生混淆或误认，致使在先知名商品或服务权益人的利益可能受到损害。

（九）损害在先商标权

损害在先商标权，即商标注册应尊重申请日以前已经取得注册的商标权，损害在先商标权的系争商标应当不予注册或予以无效宣告。

二、以不正当手段抢注商标

2017 年修订的《商标审查及审理标准》对于注册环节遏制恶意注册特别加大了力度，强调审查和异议环节保护驰名商标、知名品牌、老字号，加强信用监管、大数据监管。以不正当手段抢注商标是恶意抢注他人的商标的行为，具体情形主要表现为以下几类。

（一）恶意抢注驰名商标

《商标法》第 13 条规定："就相同或者类似商品申请注册的商标是复制、摹仿或者翻译他人未在中国注册的驰名商标，容易导致混淆的，不予注册并禁止使用。就不相同或者不相类似商品申请注册的商标是复制、摹仿或者翻译他人已经在中国注册的驰名商标，误导公众，致使该驰名商标注册人的利益可能受到损害的，不予注册并禁止使用。"

它包括了对使用的驰名商标的抢注和注册的驰名商标的跨类抢注。

人民法院判断诉争商标申请人是否"恶意注册"他人驰名商标，应综合考虑引证商标的知名度、诉争商标申请人申请诉争商标的理由，以及使用诉争商标的具体情形来判断其主观意图。引证商标知名度高、诉争商标申请人没有正当理由的，人民法院可以推定其注册构成《商标法》第 45 条第 1 款所指的"恶意注册"。

（二）恶意抢注代理人或代表人商标

《商标法》第 15 条规定："未经授权，代理人或者代表人以自己的名义将被代理人或者被代表人的商标进行注册，被代理人或者被代表人提出异议的，不予注册并禁止使用。"

就同一种商品或者类似商品申请注册的商标与他人在先使用的未注册商标相同或者近似，申请人与该他人具有前款规定以外的合同、业务往来关系或者其他关系而明知该他人商标存在，该他人提出异议的，不予注册。

商标代理人、代表人或者经销、代理等销售代理关系意义上的代理人、代表人未经授权，以自己的名义将与被代理人或者被代表人的商标相同或者近似的商标在相同或者类似商品上申请注册的，人民法院依照《商标法》第 15 条第 1 款的规定进行审理。

在为建立代理或者代表关系的磋商阶段，前款规定的代理人或者代表人将被代理人或者被代表人的商标申请注册的，人民法院按照《商标法》第 15 条第 1 款的规定进行审理。

商标申请人与代理人或者代表人之间存在亲属关系等特定身份关系的，可以推定其商标注册行为系与该代理人或者代表人恶意串通，人民法院按照《商标法》第 15 条第 1 款的规定进行审理。

《最高人民法院关于审理商标授权确权行政案件若干问题的规定》第 16 条规定，以下情形可以认定为《商标法》第 15 条第 2 款中规定的"其他关系"：

（1）商标申请人与在先使用人之间具有亲属关系；

（2）商标申请人与在先使用人之间具有劳动关系；

（3）商标申请人与在先使用人营业地址邻近；

（4）商标申请人与在先使用人曾就达成代理、代表关系进行过磋商，但未形成代理、代表关系；

（5）商标申请人与在先使用人曾就达成合同、业务往来关系进行过磋商，但未达成合同、业务往来关系。

（三）恶意抢注他人已经使用并有一定影响的商标

在先使用人主张商标申请人以不正当手段抢先注册其在先使用并有一定影响的商标的，如果在先使用商标已经有一定影响，而商标申请人明知或者应知该商标，即可推定其构成"以不正当手段抢先注册"。但商标申请人举证证明其没有利用在先使用商标商誉的恶意的除外。

在先使用人举证证明其在先商标有一定的持续使用时间、区域、销售量或者广告宣传的，人民法院可以认定为有一定影响。

在先使用人主张商标申请人在与其不相类似的商品上申请注册其在先使用并有一定影响的商标，违反《商标法》第 32 条规定的，人民法院不予支持。

《商标法》第 32 条规定的以不正当手段抢先注册他人已经使用并有一定影响的商标，要根据被抢注商标的影响力、使用的时间、抢注人的主观过错，以及其他行为与情节加以综合判断。例如，抢注人根本就不具备生产注册商标商品的能力与意愿，抢注人注册前后与被抢注人的特殊联系与接触等。

以不正当手段抢先注册他人已经使用并有一定影响的商标的主观恶意的认定：《商标法》第 32 条规定的以不正当手段抢先注册他人已经使用并有一定影响的商标，有一定的影响是推定注册人主观恶意的重要因素，达到可以推定主观"明知或应知"的程度即可判定存在恶意。法院在对知名度要件进行认定时，很难对引证商标知名度的高低设定明确统一的客观标准，而往往将其作为考查被异议商标注册人恶意的考虑因素之一，可见知名度既是第 32 条后半段适用的客观要件，又是推定注册人主观明知或应知的重要考量因素。对明知和应知并没有证据能直接证明，而仅可通过客观表现予以认定，往往在先商标知名度越高，注册人知道的可能性越高，因此不需要为有一定影响划定一个客观标准，而是应当以足以推定注册人"明知或应知"为标准，进行个案判断。

最高法院最新发布的《关于审理商标授权确权行政案件若干问题的意见》第 18 条规定，有以下证据证明在先商标有一定的持续使用时间、区域、销售量或广告宣传等的，可以认定有一定影响：

（1）关于销售、宣传的证据。有一定影响的商标如果仅有在国外使用的证据，不能认定为有知名度，知名度一定以在中国有影响为必要，有影响要求在中国境内使用，这是地域性的要求，但对域外证据使用要结合商品的特点等因素综合确定商标的知名度。

（2）认定知名度要考虑商标标识的特点。如果在先商标是具有独创性或臆造性商标，那么可以用于推定是否"明知或应知"，因臆造商标不属于现有词汇或图形，故除非具有充分合理的理由，通常可以认定他人只有在知道的情况下才可能注册相同或基本相同的商标。

（3）认定是否"明知或应知"要考虑商标注册人与在先使用人的联系，所处地域、从事行业。当所处地域越短、从事行业越近，知晓的可能性越大，如都在湖南又为同业，注册相同的"仙宫养生泉"商标。

（4）认定是否"明知或应知"要考虑商标注册人注册后的使用行为。例如，存在故意模仿在先使用商标的广告宣传、装潢等行为，先后注册了多件与在先使用人使用或注册商标高度近似的商标等就具有刻意性，进而可以认定为主观恶意。

对抢注的遏制：新《商标法》第 4 条、49 条、59 条、13 条、14 条、15 条、32 条、44 条、45 条等都是对恶意注册的规制。

第三节　商标的禁止性

《商标法》第 10 条规定了不能注册也不能使用的商标标志，通常称之为禁用条款。这些标志不得注册，使用了这样的标志为商标违法行为。《商标法》第 10 条规定下列标志不得作为商标使用：

（1）同中华人民共和国的国家名称、国旗、国徽、国歌、军旗、军徽、军歌、勋章等相同或者近似的，以及同中央国家机关的名称、标志、所在地特定地点的名称或者标志性建筑物的名称、图形相同的。

（2）同外国的国家名称、国旗、国徽、军旗等相同或者近似的，但经该国政府同意的除外。

（3）同政府间国际组织的名称、旗帜、徽记等相同或者近似的，但经该组织同意或者不易误导公众的除外。

（4）与表明实施控制、予以保证的官方标志、检验印记相同或者近似的，但经授权的除外。

（5）同"红十字""红新月"的名称、标志相同或者近似的。

（6）带有民族歧视性的。

（7）带有欺骗性，容易使公众对商品的质量等特点或者产地产生误认的。

（8）有害于社会主义道德风尚或者有其他不良影响的。

县级以上行政区划的地名或者公众知晓的外国地名，不得作为商标。但是，地名具有其他含义或者作为集体商标、证明商标组成部分的除外。已经注册的使用地名的商标继续有效。

第四节　商标注册原则和审查

一、商标注册原则

（一）自愿注册原则

自愿注册原则是指商标使用人是否申请商标注册取决于自己的意愿。商标权是一种私权，注册商标和维持商标需要成本，培养商标也需要自己判断注册的时机是否成熟，本质上应由注册人决定是否注册，在什么时候注册。

《商标法》第6条明确了自愿注册下的强制注册的补充原则：法律、行政法规规定必须使用注册商标的商品，必须申请商标注册，未经核准注册的，不得在市场销售。在我国药品商标属于强制注册，未经注册不得销售，《烟草专卖法》第20条规定："卷烟、雪茄烟和有包装的烟丝必须申请商标注册，未经核准注册的，不得生产、销售。"只有全国人大及其常委会和国务院才能确定哪些商品强制使用注册商标。

商标一旦注册具有下列效力：

（1）推定通知，后来使用者不得以不知情抗辩。

（2）商标权利有效的初步证据。

（3）不可争议的法律地位，商标权人有权禁止他人注册、有权禁止他人使用。

商标制度的实践证明，单纯的使用原则和注册原则均具有各自不可回避的弊端，效率优先的价值取向导致"注册原则"成为现代商标制度的当然选择。

（二）先申请原则

先申请原则又称注册在先原则，指两个或两个以上的申请人，在相同或类似的商品上以相同或者近似的商标申请注册时，申请在先的商标，其申请人可获得商标专用权，在后的商标注册申请予以驳回。

"自然人、法人或其他组织对其生产、制造、加工、拣选或经销的商品或者提供的服务项目，需要取得商标专用权的，应当向商标局申请商品商标注册。"任何民事主体都可以申请商标注册。申请商标注册的国内申请人可以自己直接到商标局办理注册申请手续，也可以委托商标代理组织办理。

《商标法》第 31 条规定两个或者两个以上的商标注册申请人，在同一种商品或者类似商品上，以相同或者近似的商标申请注册的，初步审定并公告申请在先的商标。同一天申请的，初步审定并公告使用在先的商标，驳回其他人的申请，不予公告。

（三）书面分类申请原则

书面分类原则指商标注册申请等有关文件，以书面方式或者数据电文方式提出。以书面方式或者数据电文方式提出给申请人增加了便利：电子申请、一份申请多个类别须按分类表填报，防止同种或类似商品上出现相同的商标。书面分类申请原则，有助于商标的检索和审查。

《商标法》第 22 条规定："商标注册申请人应当按规定的商品分类表填报使用商标的商品类别和商品名称，提出注册申请。商标注册申请人可以通过一份申请就多个类别的商品申请注册同一商标。"

以《商标法》第 22 条规定的数据电文方式提交商标注册申请等有关文件，应当按照商标局或者商标评审委员会的规定通过互联网提交。

首次申请商标注册，申请人应当提交申请书、商标图样、证明文件和申请费。

其他情形的注册申请也应以书面形式提出，包括：①另行注册，即根据《商标法》第23条注册商标需要在核定使用范围之外的商品上取得商标专用权的，应当另行提出注册申请；②重新注册，即根据《商标法》第24条注册商标需要改变其标志的，应当重新提出注册申请；③变更注册，即根据《商标法》第41条注册商标需要变更注册人的名义、地址或者其他注册事项的，应当提出变更申请；④转移注册，即根据《商标法》第42条转让注册商标的，转让人和受让人应当签订转让协议，并共同向商标局提出申请。受让人应当保证使用该注册商标的商品质量。

（四）优先权原则

优先权是《巴黎公约》赋予其成员国国民申请工业产权时在申请日期上的优先利益。它包括展览优先权和国际优先权。

展览优先权是指商标在中国政府主办的或者承认的国际展览会展出的商品上首次使用的，自该商品展出之日起6个月内提出商标注册申请的，该商标的注册申请人可以享有优先权。

展览优先权的条件：①商标在展览会展出的商品上首次使用；②展览会必须是中国政府主办或承认的国际展览会；③时间为商品展出之日起6个月内；④展出之日应为优先权日。

国际优先权是指商标注册申请人自其商标在外国第一次提出商标注册申请之日起6个月内，又在中国就相同商品以同一商标提出商标注册申请的，依照该外国同中国签订的协议或共同参加的国际条约，或者按照相互承认优先权原则，以其第一次提出注册申请的日期为中国商标注册申请日。

享有国际优先权的条件：①该商标在国外提出过申请，又就相同主题在中国提出商标注册申请的；②该外国与中国都承认优先权原则；③时间是自第一次提出商标注册之日起6个月内；④以第一次提出注册申请之日为优先权日。

二、商标注册的审查与授权

商标注册审查分为以下四个步骤。

（一）形式审查

形式审查是对商标注册申请的文件、手续是否符合法律规定的审查。形式审查主要是审查申请注册的商标是否符合法律规定的形式要件和手续，从而确定是否受理申请，它包括：①申请是否按商品分类表填报；②是否具备申请资格或相关条件；③申请文件是否齐备（申请书、商标图样、身份证件、营业执照等）；④申请费用是否交纳。

申请商标注册，应当按照公布的商品和服务分类表填报。每一件商标注册申请应当向商标局提交《商标注册申请书》、商标图样。以颜色组合或者着色图样申请商标注册的，应当提交着色图样，并提交黑白稿1份。不指定颜色的，应当提交黑白图样。

商标图样应当清晰，便于粘贴，用光洁耐用的纸张印制或者用照片代替，长和宽应当不大于10厘米，不小于5厘米。

以三维标志申请商标注册的，应当在申请书中予以声明，说明商标的使用方式，并提交能够确定三维形状的图样，提交的商标图样应当至少包含三面视图。

以颜色组合申请商标注册的，应当在申请书中予以声明，说明商标的使用方式。

以声音标志申请商标注册的，应当在申请书中予以声明，提交符合要求的声音样本，对申请注册的声音商标进行描述，说明商标的使用方式。对声音商标进行描述，应当以五线谱或者简谱对申请用作商标的声音加以描述并附加文字说明。无法以五线谱或者简谱描述的，应当以文字加以描述。商标描述与声音样本应当一致。声音样本相关的提交材料包括如下五种。

1. 声音样本

申请人应当提交符合要求的声音样本。声音样本应当存放在一个音频文件中。通过纸质方式提交的，音频文件应当存放在只读光盘中。通过数据电文方式提交的，应按照要求正确上传声音样本。声音样本的音频文件格式为 WAV 或 MP3（声音文件格式），小于 5MB（信息容量单位）。声音样本应当清晰，易于识别。

2. 音乐性质声音商标描述

音乐性质声音商标应当用五线谱或简谱加以描述，并附加文字说明。五线谱或简谱和文字说明作为该声音商标的商标图样。五线谱或简谱应当清晰、准确、完整，可以包括谱号、调号、拍号（节拍）、小节、音符、休止符、临时符号（升号、降号、还原号）等。如本件声音商标是由"降 D 大调，降 D 大调，降 G大调，降 D 大调以及降 A 大调"5 个音符组成的乐音及和弦相继进行的旋律。又如本件声音商标为一段音乐，共 13 个音符，按顺序为 E，D，F升调，G升调，C升调，B，D，E，B，A，C升调，E，A。

3. 非音乐性质声音商标描述

非音乐性质声音商标应当用文字加以描述。文字描述作为该声音商标的商标图样。文字描述应当清晰、准确、完整并易于理解。如本件声音商标是由牛在石板路上走两步之牛蹄声，以及之后伴随一声牛叫声（Clip，Clop，Moo 牛蹄和牛叫拟声词）所构成。又如本件声音商标开始是一下双手敲击鼓边声，接着是十二下渐强的击鼓声，随后是渐弱的电子键盘乐器颤音，最后以结合了高尔夫球挥杆和裁纸机的声音结束。

4. 兼有音乐性质与非音乐性质的声音商标描述

兼有音乐性质与非音乐性质的声音商标，应当用五线谱或简谱对音乐性质部分进行描述并附加文字说明，用文字对非音乐性质部分进行描述。五线谱或简谱和文字作为该声音商标的商标图样。例如，本件声音商标以人声念出"恒源祥"同时搭配八度音程，三拍 LA 和半拍 SO 组成，"恒源祥"由成年男声配音，"恒"

"源""祥"三字间有短暂停顿，语速较慢，声音洪厚，充满阳刚之气，后三个字"羊羊羊"是奶声奶气的童声配音，"羊羊羊"三字节奏紧凑无停顿，语速较快。

5. 声音使用方式

申请人应当说明以何种方式或者在何种情形下使用声音商标。例如，在打开、关闭或使用商品过程中使用，在开始、结束或提供服务过程中使用，在经营或服务场所使用，在公司网站上使用，在广播、电视、网络或者户外等广告宣传中使用等。

另外，申请注册集体商标、证明商标的，应当在申请书中予以声明，并提交主体资格证明文件和使用管理规则。

申请商标注册的，申请人应当提交其身份证明文件。商标注册申请人的名义与所提交的证明文件应当一致。

自然人申请注册商标须注意审查自然人的个人材料和经营材料包括：①营业执照载明的企业负责人。②个人合伙企业的全体合伙人。③农村承包经营的承包合同签约人。④其他依法获准从事经营活动的自然人（有关行政主管机关颁发的登记文件中登载的经营者）。⑤自然人提出商标注册申请的商品和服务范围，应以其在营业执照或有关登记文件核准的经营范围为限，或者以其自营的农副产品为限。

对于外国申请人要求包括：①按照申请人所属国同中国签订的协议或者共同参加的国际条约或者按对等原则办理。②外国人或者外国企业在中国申请商标注册和办理其他商标事宜的，应当委托依法设立的商标代理机构办理。

（二）实质审查

实质审查是对商标是否具备注册条件的审查。《商标法》所说的审查主要是指实质审查，实质审查主要审查的内容如下：

一是审查商标的构成要素是否具有显著性，便于识别。下列情形不得注册：简单普通的音调或旋律，一首完整或冗长的音乐作品，行业领域内普通使用的通用性声音，仅直接表示商品或服务种类、容、质量、功能等特点。例如，在婚礼服务上注册《婚礼进行曲》的声音，钢琴弹奏声使用在"乐器"上，儿童嬉笑的声音使用在"婴儿奶粉"上，狗吠或猫叫声使用在"宠物饲养"上，古典音乐使用在"安排和组织音乐会"上，开启酒瓶的清脆"嗒"声使用在"啤酒"上，儿童"水开啦，水开啦"的叫声使用在"电热水壶"上。

一般情况下，声音商标需经长期使用才能取得显著特征，商标局可以发出审查意见书，要求申请人提交使用证据，并就商标通过使用获得显著性特征进行说明。

二是审查商标的构成要素是否违反《商标法》第 10 条禁用条款的规定。例如，与国歌、军歌等旋律近似的；易伤害宗教感情的，如佛教音乐、基督教音乐等；有害社会主义道德风尚及其他不良影响的声音，如令人恐怖的嘶叫、带有欺骗性的声音等。

三是审查申请注册的商标是否侵犯了他人的在先权利，关于是否损害在先权利，商标的正当性中有详细的论述。

四是审查该商标注册申请是否属于恶意抢注，关于恶意抢注，商标的正当性中有详细的论述。

五是审查申请注册的商标是否与在先商标相同或近似，声音商标相同、近似的审查包括声音商标之间和声音商标与可视性商标之间的相同和近似的审查，原则上声音商标以听取声音样本为主对比是否混淆误认，兼顾乐谱、文字描述进行相同近似审查。

六是审查申请注册的商标是否与被撤销或者注销不满 1 年的注册商标相同或近似。

实质审查中的重点是商标相同和近似的审查：商标相同是指在同一种商品或服务上使用相同的商标，商标在视觉和听觉上基本无差别。商标近似是指同一种商品或服务上使用近似的商标，或者在类似商品或服务上使用相同或者近似的商标，容易导致混淆的。商标近似包括商品或服务类型的近似和商标标志近似的界定。

判断商标近似的原则包括：①"隔离比对"原则，要求在判断商标是否近似时把比对商标放在不同场合下比对，而不是放在一起比对，因为消费者通常凭商标印象购物，不会在选购商品或服务时带上近似商标。②整体比对原则，要求在判断商标是否近似时，若比对的商标都是一般商标，应对两商标的整体进行对比。③要部比对原则，要求在判断商标是否近似时，若比对的商标悬殊较大，其中有知名商标，就应考虑商标主要部分的比对。④客观混淆原则，要求在判断商标是否近似时，以混淆为要件，看这种使用是否会造成消费者误认。⑤以相关公众一般注意力为标准，即人民法院在判断商标是否近似时只能取其中，以有对相关商品具有一般的知识、经验的那一部分相关公众在选购商品时所施加的普通注意程度为准。而不能对注意程度要求过高或过低。⑥驰名要素，要求在判断商标是否近似时考虑商标的影响力和驰名度。

关于商标近似的综合认定包括：商标近似的综合认定即考虑商标标志，考虑商品或服务类别及混淆要件综合评定。商标近似是指两个商标相比较，文字的字形、读音、含义或者图形的构成及颜色，或者文字与图形的整体结构，颜色的组合、三维标志、声音旋律等混同近似，容易使消费者对商品或者服务来源产生混淆。商品或服务类似，是指两个商标都用在同一类别的商品或服务上，或用在功能、用途、流通渠道、消费人群等有关联度的商品或服务上。

商品类似除了要参考商品分类表，还要结合相关公众对商品功能、用途、生产、销售渠道、消费对象方面的关联度去判断是否构成类似。例如，加奶的可可饮料（以可可为主）和加可可的牛奶（以牛奶为主）分别属于第29和30类，但是两种饮料在用途、生产部门、销售渠道、消费对象等方面相同，一般公众也认为他们相同或近似，因此他们构成类似商品，后者不能注册和使用。再如，天线和网络集线器、网络路径器、通信伺服器分属不同类别，但是在作为发送、接受、传输信号的通信作用上它们是一致的，为了防止混淆，后两者也不得注册和使用。

服务项目的类似除了要参考服务分类表，还要结合服务的目的、内容、方式、对象等因素综合认定。例如，虽然保健、理疗和按摩、推拿分属不同的服务类别，但是它们在恢复和改善健康上是一致的，因此构成类似服务，为了防止混淆，后者不得注册和使用。

审限要求：《商标法》第 28 条规定对申请注册的商标，商标局应当自收到商标注册申请文件之日起 9 个月内审查完毕，符合本法有关规定的，予以初步审定公告。

（三）初步审定和公告异议

商标局对申请注册的商标进行审查以后，认为符合商标法的各项规定，做出可以初步核准的审定，在《商标公告》上予以公告。公告的目的在于征询公众意见，协助商标局进行审查。

《商标公告》是商标局编印、定期出版的刊物，用以公告有关商标注册事项和其他需要公之于众的文件。公告的意义包括：①有利于商标专用权的保护，对初步审定或注册的商标，如有损于他人注册在先的商标权益的，注册在先的人可以及时主张权利；②将商标注册工作置于社会的监督之下，任何人认为初步审定公告的商标不符合商标法规定的，均可以在法定期限内提出异议，要求撤销审定的商标；③其他的商标注册申请人在申请前查阅有关相同或近似的商标，以免注册申请时被驳回。

《商标法》第 33 条规定："对初步审定公告的商标，自公告之日起三个月内，在先权利人、利害关系人认为违反本法第 13 条第 2 款和第 3 款、第 15 条、第 16 条第 1 款、第 30 条、第 31 条、第 32 条规定的，或者任何人认为违反本法第 10 条、第 11 条、第 12 条规定的，可以向商标局提出异议。公告期满无异议的，予以核准注册，发给商标注册证，并予公告。"

新《商标法》按照事由性质对异议人进行分类，更加科学。

即涉及公共利益的，任何均可以提异议；涉及具体个体利益的，利害关系人提出异议。

《商标法》第35条规定对初步审定公告的商标提出异议的，商标局应当听取异议人和被异议人陈述事实和理由，经调查核实后，自公告期满之日起12个月内做出是否准予注册的决定，并书面通知异议人和被异议人。有特殊情况需要延长的，经国务院工商行政管理部门批准，可以延长6个月。

商标局做出准予注册决定的，发给商标注册证，并予公告。异议人不服的，可以依照本法第44条、第45条的规定向商标评审委员会请求宣告该注册商标无效。

商标局做出不予注册决定，被异议人不服的，可以自收到通知之日起15日内向商标评审委员会申请复审。商标评审委员会应当自收到申请之日起12个月内做出复审决定，并书面通知异议人和被异议人。有特殊情况需要延长的，经国务院工商行政管理部门批准，可以延长6个月。被异议人对商标评审委员会的决定不服的，可以自收到通知之日起30日内向人民法院起诉。人民法院应当通知异议人作为第三人参加诉讼。

商标评审委员会在依照前款规定进行复审的过程中，所涉及的在先权利的确定必须以人民法院正在审理或者行政机关正在处理的另一案件的结果为依据，可以中止审查。中止原因消除后，应当恢复审查程序。

《商标法》第35条规定的意义包括：①限定商标局办理商标申请异议的时限一般为公告期满后12个月，最长18个月内处理完毕申请异议案件。②按照异议处理结果区分后续救济方式。对准予注册的决定，决定做出即生效，异议人不得对异议处理结果再向商评委申请复审也不得起诉，只能向商评委提起商标无效宣告请求；对不予注册的决定，被异议人（即商标申请人）可以再向商评委提出异议复审请求。可以说商评委的申请异议复审程序是对商标申请人的一个救济。③限定商标评审委办理申请异议复审的时限为 12 个月，最长 18 个月。

（四）核准注册

核准注册即指将核准的商标和核定使用的商品在商标注册簿上登记、编号，在《商标公告》上刊登注册公告，并向申请人颁发商标注册证。

初步审定不等于核准注册，还需要经过公告异议程序才能决定是否核准注册。将初步审定的商标在《商标公告》上公布，这一程序称为审定公告。自公告之日起 3 个月内，任何人都可以对初步审定的商标提出异议，这一程序称为商标异议。初步审定的商标公告期满无人提出异议或异议不成立的，商标局予以正式核准注册。

经审查异议不成立而准予注册的商标，商标注册申请人取得商标专用权的时间自初步审定公告三个月期满之日起计算。自该商标公告期满之日起至准予注册决定做出前，对他人在同一种或者类似商品上使用与该商标相同或者近似的标志的行为不具有追溯力。但是，因该使用人的恶意给商标注册人造成的损失，应当给予赔偿。虽然商标专用权期限倒追计算，但商标专用权的法律效力（权能）一般情况下不倒追，不过，可倒追恶意使用人。

第五节　马德里注册及申报

随着国际贸易的发展，出口企业都需要以节约成本、可靠方便的方式在国际市场上保护商标。马德里体系是注册人在国际市场获得并维持保护的一站式解决方案。

马德里注册体系的优点：①方便。马德里体系是集中化的提交和管理程序。通过马德里体系，用一种语言提交一件国际申请，即可在多个领土获得国际注册。②节约成本。提交一件国际申请相当于提交了一束国家申请，可以有效节省时间和费用。使用马德里体系，不必缴纳多种语言的翻译费，也不必在多个主管局的行政程序上多花时间。③地域覆盖面广：马德里体系具有在其98个成员的114个地区内同时提供保护的潜力，这些成员包括欧洲联盟、非洲知识产权组织、绝大多数发达国家以及许多发展中国家和转型国家。这些国家代表着世界80%以上的贸易量，且成员数量每年都在增加。

马德里体系的商标国际注册程序：①通过所在国家或地区的商标主管局提交申请，在提交国际申请前，必须首先在本国商标主管局取得商标注册或提交注册申请。该注册或申请称为基础商标。之后可以通过本国商标主管局提交国际申请，该局将对你的申请予以证明，并交至世界知识产权组织（WIPO）。②由WIPO进行形式审查，WIPO对国际申请仅进行形式审查。一旦审查通过，商标将登记在国际注册簿中，并在《WIPO国际商标公告》上公布。然后WIPO会给你发送国际注册证，并通知你希望自己商标获得保护之地的所有商标主管局。国际注册的保护范围在程序的这个阶段还是未知数。只有在你为商标寻求保护之地的商标主管局进行实质审查并做出决定之后才能确定。③由国家或地区商标主管局进行实质审查（被指定缔约方主管局），希望商标获得保护之地的各商标主管局会在适用的时限内（12个月或18个月），根据各自立法做出决定。WIPO将在国际注册簿上记录各局的决定并通知你。如果某个商标主管局全部或部分拒绝保护（驳回）你的商标，该决定并不影响其他局的决定。针对驳回决定，可以根据有关立法直接向该局提出复审。如果某个局同意保护你的商标，会发出给予保护的声明。

商标国际注册有效期为10年。每个10年期结束，可以直接向WIPO续展注册，在有关指定缔约方取得效力。

第七章　商标权利与限制

第一节　商标权利和商标的使用要求

商标权是商标所有人对其注册商标依法享有的各项专有性权利。该专有权包括使用权和禁止权两个方面，使用权即是商标权人对其注册商标享有充分支配和完全使用的权利。禁止权是指商标权人禁止他人未经其许可擅自使用其注册商标的权利。商标权的内容具体包括下列权利。

一、商标专有使用权

商标专用权即是商标权人对其注册商标享有独占性使用的权利。《商标法》第48条规定本法所称商标的使用，是指将商标用于商品、商品包装或者容器以及商品交易文书上，或者将商标用于广告宣传、展览以及其他商业活动中，用于识别商品来源的行为。

商标的使用必须是基于商标意义上的使用。我国《商标法》规定商标的使用要在核定使用的商品上使用核准注册的商标。符合以下情况之一的都属于商标的使用：①直接附着于商品、商品包装或者容器上的使用；②在商业广告、产品说明书等其他商业文件中的使用；③在广告宣传、展览及其他商业活动中使用；④注册商标所有人的自行使用或者是商标权人以外的第三人被许可使用、与商标所有人有业务关联的人的使用。

商标的使用要求真实使用、合法使用、诚信使用。

（一）真实使用

商标的真实使用，即要求商标注册人不得投机性地注册，注册商标的目的是基于经营活动的需要，如果注册商标没有正当理由连续3年不使用的，任何单位或者个人可以向商标局申请撤销该注册商标。如果连续3年不使用是基于不可抗力，政府政策性限制，破产清算，以及其他不可归责于商标注册人的正当事由的可以对抗撤销申请。

在面对他人申请撤销该商标时，商标权人可以通过下列证据支持自己的商标使用事实：①商标曾用于商品、商品包装、容器及相关交易文书上（如标牌、产品说明、手册、销售协议、票据等）；②服务商标曾用于服务场所装饰、菜单、招贴、价目表、文件资料、服务协议等；③商标曾用于广告宣传的表现形式，包括广播、电视、杂志、报纸及广告牌等媒体广告宣传，展会资料，照片，主管部门批准文件等。

（二）合法使用

商标的合法使用，即要求商标注册人不得违反《商标法》的规定使用商标。

根据《商标法》第49条和56条的规定，下列商标使用行为构成违法使用：①商标注册人在使用注册商标的过程中，自行改变注册商标标志；②商标注册人在使用注册商标的过程中，自行改变注册人名义、地址或者其他注册事项的；③商标注册人在使用注册商标的过程中，超越核准注册的商标和核定使用的商品的范围使用商标的。

对上列非法使用行为，由地方工商行政管理部门责令限期改正；期满不改正的，由商标局撤销其注册商标。

《商标法实施条例》第30条第1款规定："变更商标注册人名义、地址或者其他注册事项的，应当向商标局提交变更申请书。变更商标注册人名义的，还应该提交有关登记机关出具的变更证明文件。商标局核准后，发给商标注册人相应证明，并予以公告；不予核准的，应该书面通知申请人并说明理由。"

《商标法》关于商标变更用的是"应当"，也就是说依法及时办理商标注册人的名义、地址或者其他事项手续是商标注册人的法定义务。一旦商标注册人的名称、地址发生变更，应该立即到商标局办理变更手续。例如，一个企业的原名称是 A，后来变更成了 B，再变成了 C。很多商标注册人会质疑为什么商标注册人名义不能从 A 直接变更到 C，甚至有申请人会直接提出《商标法》哪一条写了要逐步变更。其实，《商标法》第 41 条已经说明，商标注册人及时办理变更是应尽义务，发生逐步变更的情况其实是商标注册人违反《商标法》在先，虽然没有相应的处罚措施，但是补办已经漏办的变更程序是依法办理，并无不妥。

商标局颁发给商标注册人的商标注册证作为商标注册人享有商标专用权的凭证，是其享有商标专用权的重要体现。一旦发生商标注册人的名义、地址或者其他注册事项发生变化未办理变更的，将使商标注册证记录的内容不一致，导致商标注册人行使商标专用权受到限制。例如，商标注册人名义发生变更但没有进行名义变更申请手续，有可能会出现该注册人新申请的商标因存在未变更名义的商标被驳回的情况，使自身权益受到损害。

（三）诚信使用

商标的诚信使用，要求遵守《商标法》第 7 条的规定，申请注册和使用商标，应当遵循诚实信用原则。商标使用人应当对其使用商标的商品质量负责。

商标使用的意义主要是识别商品或服务来源，帮助消费者选择商品和服务。商标权人自行使用对商标效力具有影响，如连续 3 年不使用可能导致商标失效，许可他人使用可以增加商标的有效性，可以扩大商标的影响力，可以通过商标战略提高产品的市场占有率。但是，由于被许可的使用视为商标权人的使用，因而他人的使用与注册商标权人的产品质量和信用发生关联，商标权人对授权他人使用商标应当格外慎重，以防止商标标识信誉受损。另外，商标使用意义还在于对他人使用侵权的判断也必须是基于商标意义上的使用。

二、商标续展权

注册商标的续展，是指注册商标所有人在商标注册有效期届满前后的一定时间内，依法办理一定的手续，延长其注册商标有效期的制度。商标从注册之日起，注册人即取得专用权，专用权的期限为 10 年。

注册商标有效期满，需要继续使用的，商标注册人应当在期满前 12 个月内按照规定办理续展手续。在此期间未能办理的，可以给予 6 个月的宽展期。每次续展注册的有效期为 10 年，自该商标上一届有效期满次日起计算。期满未办理续展手续的，注销其注册商标。商标局应当对续展注册的商标予以公告。

续展注册申请人必须是注册商标专用权所有人，即可以为原注册商标所有人，也可以是继承人或受让人，将续展办理时限延长至期满前 12 个月至期满后 6 个月。期满前后办理的费用不同。

续展注册申请应向商标局提出，并交送商标续展注册申请书、商标图样，交回原商标注册证，并缴纳申请费和注册费。

三、商标许可权

商标许可权，是指注册商标所有人将其对注册商标的专用权许可他人行使。商标许可权是商标权人利用商标影响力实现商标战略和获取经济利益的手段。

许可的内容主要是通过许可合同达成，一般来说许可方式主要有以下三种。

（1）独占许可，是指许可人允许被许可人在规定的地区和指定的商品或者服务项目上独占地、排他地使用注册商标。该种使用的独占性高，可以排斥商标权人的使用。

（2）独家许可，是指许可人在一定期限内允许一个被许可人在规定的地域和指定的商品或者服务项目上使用其注册商标的同时，不得再允许他人使用其注册商标，但许可人本人可以使用该注册商标。

（3）普通许可，是指许可人可以允许不同的人同时使用某一注册商标的使用许可。

行使商标的许可权时须注意以下内容：

（1）对许可人的要求包括：许可人要维持注册商标的有效性；维护被许可人合法的使用权，尤其是在独占许可和独家许可的情况下不得再允许他人使用；为了防止被许可人利用商标欺骗消费者，许可人应监督被许可人使用该注册商标的商品质量。

（2）对被许可人的要求包括：被许可人未经许可人的书面授权，不得将商标使用权移转给第三人；被许可人保证使用许可人注册商标的商品质量，维护商标信誉，并在其商品或包装上注明产地和被许可人的名称；如被许可使用的商标被他人侵权，被许可人应协助许可人查明事实；被许可人按合同的约定交纳商标许可使用费。

（3）许可交易中应将许可合同送商标局备案，但备案不是许可合同生效的条件，未备案合同可生效，但不能对抗善意第三人。

四、商标转让权

商标的转让，是指注册商标所有人将其对注册商标的所有权转移给他人所有。商标的转让需要注意以下五个方面的问题。

（一）转让人和受让人签订书面的注册商标转让协议

商标转让需要在合同中列明商标名称、商标号、商品类别，清晰约定转让价款、付款时间及比例，建议约定在商标局转让核准后再支付比例尽量高的尾款，降低受让人的交易风险；转让人须承诺其为商标的合法所有人，有权转让该商标，如因此导致转让不被核准，其应全额退款并承担比较重的违约责任，如此约定是为了避免因商标查询系统更新不及时导致受让人与非商标权人签署合同并支付价款的情形，要尽最大可能避免受让人支付对价却无法获得商标转让核准；转让人还需承诺其在转让申请书上加盖的公章与此前在注册申请书上加盖的公章完全一致，提供的营业执照一致，如不一致需要如实向受让人说明并提供相应的证明，如因此导致转让不被核准将承担较重的违约责任。此外，转让人需在合同中承诺商标不存在权利瑕疵，最好能对可能影响商标权利的各种情形做出具体的约定，如无使用被提撤销 3 年不使用、后续被维权是否承担相应的责任，如因商标先天不足、演变、在先权利等导致商标最终无法获权或无效是否承担相应责任等；将提供注册证、变更、续展证明及商标使用证据等，作为受让人付款的先决条件或是转让方重要的义务，如期无法提供需承担违约责任等。

（二）转让人和受让人共同提出申请

转让人与受让人应共同向商标局提出申请，接受商标局审查；商标转让合同签署后，转让人与受让人共同签署商标转让申请书、各自提供营业执照、转让人提供自愿转让公证书，提供商标转让所需材料。

（三）转让经商标局核准并公告方能生效

商标的转让不同于商标的许可，不能私下达成，它必须要经过商标局的审查，商标局通常要审查使用注册商标的商品是否是受让人合法生产、经营的商品；转让国家规定并由国家工商行政管理局公布的烟草制品上的注册商标，受让人应当按规定提供有关部门的证明文件；受让人能否保证使用该注册商标的商品质量；该注册商标的转让是否在限制性规定范围内；该注册商标的转让是否会产生误认、混淆或者其他不良影响。

（四）商标转让的限制

类似商品使用同一注册商标的不得分割转让，已经许可他人使用的商标不得随意转让，尤其要注意维护独占许可和独家许可合同当中的被许可人的利益。集体商标不得转让，联合商标不得分开转让，受让人在注册商标使用过程中，其商品不得粗制滥造，以次充好，损害消费者的利益。

（五）对商标实际使用情况的调查

受让人基于交易安全性的考虑，除了对商标档案进行调查，对商标权利稳定性进行评估，在对商标进行购买谈判前，还需要开展商标的实际使用情况调查工作。调查内容主要聚焦于商标是否已实际使用，如已使用，商标的使用主体是谁，商标的实际使用情况如何（主要调查商标使用时间、范围、方式等），以此初步判断商标的价值、评估谈判的难度。还要根据商标实际使用情况，考察商标是否存在可能被撤销的情形，有无侵权的风险，有无后续被维权的可能。

第二节　商标权的限制

商标权的限制即对商标专有权利的限制，依现行《商标法》第 59 条的规定，注册商标中含有的本商品的通用名称、图形、型号，或者直接表示商品的质量、主要原料、功能、用途、重量、数量及其他特点，或者含有的地名，注册商标专用权人无权禁止他人正当使用。

三维标志注册商标中含有的商品自身的性质产生的形状、为获得技术效果而需有的商品形状或者使商品具有实质性价值的形状，注册商标专用权人无权禁止他人正当使用。

商标注册人申请商标注册前，他人已经在同一种商品或者类似商品上先于商标注册人使用与注册商标相同或者近似并有一定影响的商标的，注册商标专用权人无权禁止该使用人在原使用范围内继续使用该商标，但可以要求其附加适当区别标识。

因此，正当使用商标和商标先用权是我国商标法明确的商标权限制制度。

一、商标的正当使用

商标的正当使用是指他人在经营活动中以善意、正当的方式使用描述性商标的，不视为侵犯商标专用权的行为。认定商标的正当使用需要考虑以下几个因素。

（1）使用目的正当性：正当使用是为了说明使用人的商品或服务的特性，而非把他人的注册商标作为自己的商标使用。

（2）正当使用是不可避免地使用：使用者仅为了说明自己商品或服务所必须的部分，并未涉及他人商标中的其他部分。

（3）正当使用是善意合理的使用：使用者善意地将他人的注册商标在自己的商品或服务上做叙述性使用，以说明自己的姓名、名称或商品的名称、品质、功能、产地等特征的，而非借他人商标的知名度或影响力。

（4）正当使用，使用的结果不得使消费者误认：不得使消费者认为该使用是由商标权人发起或者是得到其支持的。

实务中正当使用的情形主要有如下两种：

（1）对地名商标中地理名称的正当使用，如使用者用青岛、通化、上海等地名描述自己产品的产地。例如，原、被告均从事房地产开发，原告主张被告使用"百家湖"标识的行为侵犯了其百家湖商标的商标权。法院认为："百家湖"作为地名的知名度高于其作为商标的知名度，被告在其销售的楼盘中使用"百家湖"指示楼盘所处的地理位置，符合房地产销售经营的惯例，目的在于强调楼盘与湖之间的关系，并非具有攀附"百家湖"注册商标的恶意，因而构成正当使用，不为侵权。

（2）描述性使用，即以正常方式表示商品或服务的形状、型号、主要原料、功能、用途、重量、数量及其他特性的正当使用。例如，灯影牛肉是达县著名特产，灯影是商标，使用者用灯影描述其生产的牛肉的特点就属于描述性使用。又如，用两面针来描述其使用的原材料，用本墨盒适用于惠普墨盒来描述自己产品的使用范围，用本店专修宝马来描述自己的经营范围都属于正当使用。

正当使用是为了平衡商标权人与他人正当权利，平衡公共利益和个人利益而确定的一项制度，使用者可以使用该项规定对抗侵权指控。同时，它也是一种商标注册的法律导向，即商标注册不要占用地名、商品自身的性质产生的形状、为获得技术效果而需有的商品形状或者使商品具有实质性价值的形状等公共资源，占用公共资源就应容忍他人的正当使用。

二、先用权

商标注册人申请商标注册前，他人已经在同一种商品或者类似商品上先于商标注册人使用与注册商标相同或者近似并有一定影响的商标的，注册商标专用权人无权禁止该使用人在原使用范围内继续使用该商标，但可以要求其附加适当区别标识。

先用权不仅是对我国商标注册制度中先申请原则的补充，也是对商标使用历史的一种尊重，但是实务中应当注意对先用权的限定，先用权人仅可以有使用权，并无商标许可、转让等所有权。先用权可以作为一种对抗商标侵权的事由，也可以在附加适当区别标识的情况下，在原有范围内继续使用。

三、商标用尽

商标用尽也称为商标权利用尽，是指由商标权人或者被许可人合法投入到市场上的使用了该注册商标的商品，商标权人不得就该商品的销售和使用再主张商标专用权。

四、非商标性使用

（1）新闻报道及评论中的使用，即基于新闻报道和评论等目的，在媒体不可避免地引入或展示商标标志属于合理的使用，不为侵权。

（2）滑稽模仿的使用，即基于娱乐的效果使用他人商标。例如，2007年11月13日，LV诉美国宠物玩具生产商 Haute Diggity Dog 公司生产的名为"可咀嚼的威登"狗玩具包侵犯商标权、版权及商标淡化纠纷案，美国第四巡回上诉法院维持了一审法院被告不侵犯商标权和版权的判决，认为这是滑稽模仿。

（3）学术研究中的使用，即基于学术研究和教育等目的，在教学资料、论著中引入商标标志都属于合理的使用，不为侵权。

（4）封闭环境下的使用，即对他人商标的使用是在封闭环境下或某种特定条件下进行的，客观上没有产生商标标识的效果，就不宜认定为商标性的使用。例如，包装内的商品形状，仅为产品封闭环境性状态，不是基于商标标识的呈现，不构成对他人立体商标的侵权。又如，电子产品通电状态下才有的程序图标，是通电状态下的功能按钮，不属于商标性使用，不构成对他人平面商标的侵权。

（5）比较广告和跨行业的广告攀附，比较广告即使用人在广告中将他人的产品与商标与自己的产品和商标相媲美，但是对比广告中不得故意贬损他人产品或商标。跨行业的广告攀附即将他人的有一定影响的商标信息用在不同类别的商品或服务上。例如，在房地产广告中用的图片包含了一个摩登女提着 LV 手提包的信息，该种信息只是标示了该楼盘的时尚性、美感性，其并非对 LV 商标进行商标意义上的标示，也不会使消费者误以为是 LV 公司开发的楼盘，因而不构成商标侵权。但攀附性使用并非不构成对竞争规范的妨碍，实务中应当注意甄别使用的尺度。

（6）附带性使用，即对他人商标在模型产品上的使用或玩具上的附带性使用。例如，宝马车模型或玩具上的商标使用，消费者一般不会将真车生产企业与模型车或玩具车上的生产企业相联系，而认为是一种模仿，但实务中应当注意对商标知名度下的商业化权利延伸，是否可以从竞争规范的角度加以限定。

（7）影视作品中的使用，即在影视作品创作中作为道具或背景使用。这种使用通常属于言论自由的范畴，同时本身也并非是商标标识性的使用，如果禁止此类使用将会极大地限制影视作品的创作和表达。但是，如果导演在剧中以不恰当的方式表达犯罪人总是用"德芙"投毒，用"GUCCI"索贿或行贿，则可能构成丑化和淡化商标标志。

第三节　使用商标的权利及法律救济

使用的商标若是未注册的商标，则不能像注册商标那样取得专有权，也不具有注册商标的公信力和稳定性，为"商标抢注"留下了隐患，权利极容易受到侵害。

由于经济的发展和交通的便利，市场结构的巨大变迁，使得经济活动的范围极大扩展，原来使用原则的弊端及其导致的潜在矛盾逐渐显现出来。原来采用"使用原则"的国家对其制度设计做了或多或少的修改，由此导致了制度变动，其中采用"注册原则"成为许多国家的选择。注册原则加剧了商标的抢注，但使用的商标契合"劳动理论"的逻辑并能真正激励主体的使用行为，也体现了商标的价值和功能，这种使用商标积攒的信用极容易被他人占用或破坏，因此各国商标法为促进商业公平，越来越重视对使用商标的保护。

结合我国商标制度对使用的商标可以从下列分项中寻求保护依据。

一、使用的商标可以依法主张禁止他人注册和使用

如果未注册的使用商标为驰名商标，可以对抗他人的注册和使用，《商标法》第13条第2款规定，就相同或者类似商品申请注册的商标是复制、摹仿或者翻译他人未在中国注册的驰名商标，容易导致混淆的，不予注册并禁止使用。

二、使用的商标可以依法主张排斥对其使用商标的恶意抢注

如果使用的商标是有一定影响的商标，可以排斥他人注册，对抗抢注。《商标法》第 32 条规定申请商标注册不得以不正当手段抢先注册他人已经使用并有一定影响的商标。

三、使用的商标可以依法主张先使用权

先使用权是指某个商标虽由他人取得注册，但在其申请注册前已经有一定影响或者为驰名商标，该商标的先使用人可在原有范围内继续使用，不受注册商标专用权的拘束，即可以继续使用不为侵权。

我国《商标法》第 59 条第 3 款规定了先用权，商标注册人申请商标注册前，他人已经在同一种商品或者类似商品上先于商标注册人使用与注册商标相同或者近似并有一定影响的商标的，注册商标专用权人无权禁止该使用人在原使用范围内继续使用该商标，但可以要求其附加适当区别标识。

四、使用的商标可以依法主张竞争保护

如果未注册商标的商品或服务构成知名商品或服务的可以通过反不正当竞争法给予保护排除不正当竞争。例如，擅自使用知名商品特有的名称、包装、装潢，或者使用与知名商品近似的名称、包装、装潢，造成和他人的知名商品相混淆，使购买者误认为是该知名商品特有的名称、包装、装潢。

特有的名称、包装、装潢是指的具有区别商品来源的显著特征的商品名称、包装、装潢。因而排除商品通用名称、图形、符号；排除仅直接表示商品的质量、主要原料、功能、用途、重量、数量及其他特点的商品名称；排除仅由商品自身的性质产生的形状、为获得技术效果而需有的商品形状或者使商品具有实质性价值的形状；排除其他缺乏显著特征的商品名称、包装、装潢。

五、使用的商标可以依法主张未注册商标的版权、专利、民法保护

如果未注册商标标识具有作品性的可以得到版权法的保护。如果未注册商标标识被授予外观设计专利权的，在专利保护期间内，可以要求专利保护。如果未注册商标标识形成固有的信誉，该信誉被他人恶意破坏，可以适用民法给予保护。

第八章 商标管理与维护

第一节 商标管理

商标管理包括商标注册管理、商标使用管理和商标交易管理。

一、商标注册管理

在商标注册的过程中，除了要防止自身商标违规，也要防止驰名商标和在先权利挡路。为防止他人异议，要做好商标检索工作，同时也要考虑注册商标的未来业务、负面业务、境外业务、核心品牌战略等因素进行有效的注册。

（一）注册的横向范围考虑

注册的横向范围是指同一大类下的小类别选择，应该更宽泛地考虑自己未来5年内可能经营的业务，兼顾现有业务和未来业务，做好产品或服务延伸的准备。例如，雅虎曾经在第9类"计算机外部设备、通信设备"上注册雅虎商标，而易龙公司则在第9类"电视机、镭射唱盘、镭射影盘、磁带录音机、收音机、录像机、自动广告机、扬声器音箱、半导体、自动投入硬币启动的娱乐机器"等均进行了注册。由于易龙注册的范围宽泛，对未来几年内业务的扩张使用商标带来了便利，相反雅虎的注册太窄，一旦扩大范围，由于没在核定使用的商品或服务范围之内，因而其不得不在新项目上另行注册，即根据《商标法》第23条注册商标需要在核定使用范围之外的商品上取得商标专用权的，应当另行提出注册申请。

（二）注册的纵向范围考虑

注册的纵向范围考虑，即注册商标应当考虑跨类别注册，跨行业注册，考虑商品/服务指定的类别。例如，在网络产品注册中除了在第9类游戏软件上注册，还要考虑第41类在线游戏也要注册。又如，一个做餐饮的品牌会涉及第29类食品类、第30类调味品、第31类蔬菜水果、第32类饮料类、第40类食品加工。跨类别注册就不会在相关的类别出现同名的品牌，品牌在进行延伸时也不会出现法律上的麻烦。

英特尔公司拥有大量的英国及欧盟注册商标权，核定使用的商品类别分别为第9、16类，核定使用的服务类别为第38、42类。

（三）注册的地域范围考虑，防止商标被抢注

注册的地域范围考虑，即注册商标应当考虑境外业务，选择商标注册地域范围，必须考虑产品的制造地、销售地、出口地、授权地进行商标的国际注册，商标的国际注册除了考虑选择国家的制度，还要考虑选择国际公约和条约。比如，选择马德里国际注册的优点是手续简便、省钱、周期短，选择马德里国际注册的缺点是国家有限、基础申请与注册、5年内效力。如果选择欧共体商标注册，优点是费用低、保护程序集中、无基础注册，缺点是一国否定、全部否定。如果注册国家较少或核心品牌注册，可以选择逐一国家注册，根据《巴黎公约》享有优先权。

中国商品在世界范围的交易导致中国品牌被抢注的越来越多，因此防止商标被抢注也是企业必须要重视的。在德国，OKAI公司专门向其代理的中国产品下手，接连抢注了"王致和""洽洽""老干妈""今麦郎"等中国老字号商标。在日本，靠中国商标"养活"的企业也不少，他们先抢注中国企业产品在日本的商标，待其进入日本市场后，再收取商标使用费。在美国、菲律

宾、韩等国家商标被"抢注",一直是中国企业难以挽回的损失。

如果商标被抢注,可能产生三大后果:一是被抢注商标的企业产品在销往当地时会遇到障碍,产品不能以原有商标进入,只能另换商标,这将对企业已有的无形资产造成损失,增加经营成本。最典型的事件就是中国的大白兔商标;还有联想商标,由于联想原有英文标识"Legend"在国外被大量注册,不得已而更名为"Lenovo"。二是抢注的公司可以合法地把自己的产品冠以"抢"来的中国商标,进入世界市场,挤压中国企业的市场开拓空间,将中国企业阻挡在该国市场外,或者形成贸易壁垒。三是导致企业海外战略受阻。很多中国企业都制定了自己的海外战略,全方位进入国际市场,但是一旦商标被抢注,就会失去先机。在2004年7月,由于公司拥有的英文商标"Fire Fly"(萤火虫)被西门子下属公司欧司朗抢注,厦门节能灯企业东林公司进军欧洲市场时被德、英、法等国拒绝,因此失去了进入这18个国家的机会。

防抢注须注意以下四个方面:一是选择较具有识别性的商标标志,所谓有识别性的商标即显著性较强的独特性商标,彰显个性商标图样、标语或企业名称,尽量避免使用通用性、描述性或单纯说明性的商标标志。二要尽可能地确认是否有他人已在使用类似商标。要做好商标检索,排斥相同或近似的商标标志,注册时委托专业服务业者,进行彻底且完整的商标检索。三是通过在产品、服务与各种销售材料上展示该商标已完成注册的信息,并持续使用它来进行保护。例如,在产品的显要位置上,商标图样、标语及企业名称打上®或TM(表示其已作为商标使用,并申请注册商标中)的标志。四是持续地监控自己的商标,确保市场上的其他人没有使用类似的商标,以避免造成消费者混淆。定期监控竞争对手的一举一动,一旦有侵权发生尽快做出处置策略。

（四）申请注册商标要考虑副品牌与主品牌、核心品牌与非核心品牌的区别

副品牌注册通常是为保护主商标的。例如，为了更好地使用主品牌"口福乐"，对"乐福口""口乐福"进行一系列的注册，更有效地防止他人注册使用与主商标相同或近似的商标。核心品牌是关系到自己所有产品的主打品牌，为了更好地维护核心品牌，防止淡化，有必要对具体的分类产品多预备几枚商标，在更好地保护核心品牌的情况下，也可以借助核心品牌的影响培养非核心品牌。例如，王守义是核心品牌，在调味品上除了用王守义还注册和使用了十三香商标，达到了在市场上控制该调料的效果。

（五）注册的负面业务考虑

负面业务指的是对现有业务有可能造成不良影响的业务。例如，4711是德国驰名世界的香水商标，而德国一家污水处理公司，在其臭气四溢的货车车厢上标上"4711"就对香水业务产生不良后果，影响消费心理，该污水处理业务便是香水业务的负面业务。又如，伊利是奶制品业务，马桶制造业务就是奶制品的负面业务，如果他人在马桶上注册或使用伊利商标，就可能造成对伊利奶制品业务的不良后果。因此，商标申请人在注册商标时应该考虑对负面业务也进行注册。

（六）注册商标应区别高风险产品和低风险产品而分别注册不同的商标

由于高风险产品的经营和低风险产品的经营成本和效果不同，为了防止高风险产品伤及低风险产品，最好进行品牌的区别设计和注册，不要使用同一个商标。例如，婴儿奶粉是高风险产品，成人奶粉是低风险产品，如果使用同一商标会造成一荣俱荣、一损俱损的后果。就像"三鹿奶粉"事件，起因是婴儿奶粉，但是其结果造成了其他低风险产品的全面崩溃。

（七）考虑产品的不同等级进行注册

产品的等级主要是质量和性能等级。例如，对优质产品注册

"梅花"，中档产品注册"量环"，低端产品注册"芳华"，便于消费者选择和辨认。

（八）混淆业务的注册和分开注册的考虑

在与注册商标使用商品或服务上容易发生混淆业务也进行注册，可以有效地防止他人的注册使用淡化自己的商标标识或其他不良影响。

分开注册是对于既有图形又有文字的组合商标，将图形和文字部分分开注册，而不是组合注册，分开注册能够有效提高商标的通过率。商标局在进行实质审查的时候，会对商标中的文字、图形等元素分开来进行审查，因此组合商标中只要有一个元素与他人的商标构成近似或相同，这个商标就会被整体认定为近似商标，因而不能通过审查。分开注册，即使其中的某个商标因为商标在先权利而被驳回了，也不影响其他部分的申请。商标分开注册的每个元素，在使用的时候可以拆分也可以组合，位置也可以随意变动，使用起来非常方便。例如，耐克这个品牌的商标有文字、图形等多种形式，它们会根据产品不同的特点，以不同的方式使用在不同的地方。

（九）商标国际注册和单一注册的考虑

国内申请人到国外进行商标注册保护，主要有两种途径：一种是马德里商标国际注册，即根据《商标国际注册马德里协定》（以下简称《马德里协定》）或《商标国际注册马德里协定有关议定书》（以下简称《马德里议定书》）的规定，在马德里联盟缔约方间所进行的商标注册；另一种是单一国家地区注册，即分别向各国商标主管机关提交商标注册申请。既然这两种注册方式都可以在国外进行商标注册保护，那这两种方式到底有何区别，申请人又该如何根据自己的情况进行选择，主要思路如下。

第一，考虑申请注册条件的区别。提交马德里注册申请，需满足三点条件：一是申请人需在我国设有真实有效的工商营业场所，或在我国境内有住所，或拥有我国国籍。二是申请人需要具有相应的国内申请或注册基础。若申请人计划通过马德里体系在国外申请注册的商标在国内已申请或已注册，则需提供国内的受理通知书或注册证。若申请人计划在国外申请注册的商标在国内还未提交注册申请，则需要先提交国内商标注册申请，待国内受理通知书下发后再办理马德里注册，但是国内受理通知书下发通常要几个月。此外，马德里注册的申请人名义、地址、商标必须和国内基础一致，商品或服务不得超过基础申请或注册的商品或服务范围。三是申请人计划注册保护的目的国属于马德里缔约方，否则不能通过马德里体系进行注册保护。相对于马德里注册，单一国家注册的门槛则较低，通常不需要国内申请或注册基础，申请人只需到各国商标主管机关直接提交商标注册申请即可。

第二，考虑申请注册手续的区别。在申请注册手续方面，马德里注册可以在一份注册申请里面指定保护多个缔约方，申请手续较为简便。若马德里申请在各指定缔约方顺利通过审查，则马德里注册可为申请人节约大量的时间精力。但是，一旦遇到驳回或异议的情况，申请人则需要直接向各指定缔约方的商标主管机关提交驳回复审、异议答辩，按照各指定缔约方的法律法规准备相应文件，如提供经公证认证的商标代理委托书，在这种情况下，手续可能比单一国家注册更加复杂。单一国家注册则相对复杂，需要申请人了解各国商标法律法规，根据各国商标注册的要求准备申请注册的文件，需准备的文件较多且手续烦琐，但是若有专业的代理机构进行服务的话，可较大程度地减少申请人的工作量。

第三，考虑注册费用的区别。马德里注册的费用比单一国家注册费用便宜，其原因主要在于，马德里注册由中国商标局、世界知识产权组织国际局转交注册申请至各指定缔约方的商标主管机关，费用主要包括官费和国内代理机构的服务费。对于单一国家注册，根据各国法律的要求申请人通常需要委托各国的本地代理机构提交注册申请，除了官费和国内代理机构的服务费之外，还会产生国外代理机构的服务费，这样的客观原因导致单一国家注册的费用通常会比马德里注册的费用高许多。此外，在单一国家注册中，部分国家要求提交经公证认证的商标代理委托书等材料，该公证认证手续也会产生一定费用。

第四，考虑注册证的区别。对于马德里注册，世界知识产权组织国际局在形式审查完毕以后，会给申请人颁发一份国际注册证。但是在颁发国际注册证阶段，国际局仅进行了形式审查且各指定缔约方还未进行实质审查，因此该国际注册证并非我们通常理解的商标注册证，该文件仅仅代表国际局已受理该马德里注册申请，并无真正意义上的注册证效力。此外，在各国商标主管机关审查通过以后，通常只会颁发"核准保护通知"，没有专门的商标注册证，只有美国、日本和韩国等极少数缔约方会单独颁发注册证。并且，国际注册证通常都是黑白打印，仅在商标图样处可能会彩色打印，核准保护通知也是黑白打印或只有电子版，这让国内申请人更加难以理解和接受，并对文件的真实性产生怀疑。此外，申请人在维权的过程中，核准保护通知对证明权利归属也存在诸多不便。单一国家商标注册完成后都会颁发商标注册证，能够直观地表明在各国的商标权利。

第五，考虑申请日的区别。根据《马德里协定》及《马德里议定书》的规定，若自申请人提交马德里注册申请至原属国商标局的日期起2个月内，国际局收到该马德里注册申请，则国际注册日为申请人提交马德里注册申请至原属国商标局的日期。否则，国际注册日为国际局收到马德里注册申请的日期。此外，在指定缔约方审查阶段，各指定缔约方通常将国际注册日视为"申请日"，对申请人确权十分重要。但是根据实践情况，大多数情况下国际局收到马德里注册申请的日期都会超过2个月，不利于申请人确权。对于单一国家注册，申请人在准备好相关文件后即可直接向各国商标主管机关提出注册申请，可以尽快确定申请日，有利于申请人确权。

第六，考虑注册风险的区别。马德里注册申请可以在一份申请里面指定保护多个缔约方，但是各国商标法律制度不同，在各国商标主管机关审查的过程中需按照当国的审查标准来进行审查。而在一份马德里注册申请书里面无法同时满足各国对商标描述、商标释义、商品分类、商品规范等方面的众多要求，这可能会导致各国商标主管机关下发审查意见或驳回意见。

对于单一国家注册，申请人则可以根据各国的商标审查标准，制定相应的商标注册申请策略，最大限度地降低审查意见或驳回意见的可能性，提前规避不必要的风险。

第七，考虑权利稳定性的区别。《马德里议定书》第6条规定："在注册之日起五年期满前，如果基础申请或由之产生的注册或者基础注册分别就全部或部分国际注册中所列的商品和服务被撤回、过期、被放弃、最终驳回、注销或被宣布无效，无论其是否已被转让，都不得再要求国际注册给予的保护。"因此，通过马德里体系注册的商标效力具有不稳定性，国际注册5年后才能与国内基础脱钩，一旦国内基础在5年内失效，国际注册也将失效，在全部指定缔约方将失去保护。虽然《马德里议定书》对中心打击原则有一定救济措施，但相对于单一国家注册通常不用对申请基础有所依赖这种情况，单一国家注册权利更稳定。

第八，考虑封闭与开放的区别。马德里体系虽然有近百个缔约方，但是国内申请人经常注册保护的许多国家仍然不在马德里缔约方之列，诸如马来西亚、泰国、巴基斯坦、阿联酋、南非、巴西、阿根廷等国家尚无法通过马德里体系来进行注册保护。对于单一国家注册，申请人通常不会遇到此类问题，可以直接向各目的国家的商标主管机关提出商标注册申请，申请方式更加开放。

第九，考虑商标效力的区别。根据《马德里议定书》第4

条:"自根据第3条规定所进行的注册或登记之日起,商标在各有关缔约方的保护与在该缔约方直接提交此商标申请所取得的保护应是相同的"。即马德里注册在各指定缔约方的效力与单一国家注册的效力是相同的。部分非洲国家虽然已经成为马德里的缔约方,但是其国内商标法并未进行相应的修订,马德里注册在这部分国家的效力有待商榷,而单一国家注册在这部分非洲国家能够受到有效的保护。

第十,考虑后续管理的区别。马德里注册的后续程序,如续展、变更、转让等程序,只需提交一份申请即可办理,便于统一管理。对于单一国家注册,各国的商标有效期、续展期、续展及变更要求等均有所差异,申请人需按照各国的规定分别办理,管理难度高。

总之,马德里注册的优势为手续简单、费用便宜,劣势为门槛较高、风险较大,而单一国家注册的优势为门槛较低、利于确权、风险易把控;劣势为成本偏高、手续复杂、管理难度大,两种注册方式各有千秋。申请人在办理国际商标注册的时候,需综合考虑根据注册目的、风险把控、经费预算、市场重要性、出口需求等因素以决定采取何种注册方式或注册方式的组合,量身定制最适合申请人的国际商标注册策略。

二、商标使用管理

(一)正确使用注册商标

使用注册商标可以在商品、商品包装、说明书或者其他附着物上标明"注册商标"或者注册标记。注册标记包括⊛和®。使用注册标记,应当标注在商标的右上角或者右下角。另外,在培养使用的商标上标注 TM,也可以有效地防止他人抢注和使用。

(二)使用注册商标应当防止商标退化

商标退化是指商标标志通用名称化,也即商标退化为商品的通用名称。有《商标法》第 49 条规定的注册商标成为其核定使用的商品通用名称情形的，任何单位或者个人可以向商标局申请撤销该注册商标，提交申请时应当附送证据材料。商标局受理后应当通知商标注册人，限其自收到通知之日起 2 个月内答辩。期满未答辩的，不影响商标局做出决定。

商标退化对商标权人的影响：商标功能无从发挥，商标价值付之一炬，商标甚至可能被撤销。

例如，深圳朗科科技有限公司作为优盘的发明人，早在 1999 年 8 月向商标局申请"优盘"商标注册，于 2001 年 1 月 21 日被核准注册。该商标"优"通常用来标示商品的质量，"盘"字属于计算机存储设备的通用名称的一种，如"光盘""软盘""磁盘"等。但朗科公司，作为优盘的发明人、世界上第一款优盘的制造者，经过长期使用，使其获得了后天显著性，根据我国《商标法》成功获得了注册。朗科在营业执照的"经营范围"中，始终把"优盘"列为其所经营的一项商品名称，朗科在其商品包装盒及促销宣传材料标示"朗科优盘"或"优盘"，并没有别的商品名称，很容易使社会公众将"朗科"当作商标，而把"优盘"认读为一种新移动存储设备的商品名称。

又如，北京华旗资讯数码科技有限公司以"优盘"商标已成通用名称等为理由于 2002 年向商标评审委员会提出申请，请求撤销"优盘"商标。中国电子商会也向商标评审委员会提交了《关于"优盘"已经成为产品通用名称不宜再作为注册商标使用的情况反映》建议书，最终导致优盘商标因退化被撤销。

商标退化的积极干预：商标权人如果生产的是新产品，应当注意把商标、商品名称与新产品同时推出，并积极宣示商标信息。积极干预商标名称的错误使用，劝告公众正确使用商标。积极制止把商标作为通用名称使用的侵害行为。

依《商标法》第 49 条商标退化主张撤销商标的，应考虑退化是否是有所有人的过失、商标是否变成通用名称来综合确定。

（三）真实、合法使用注册商标

商标权人有使用商标的义务，如果注册商标有《商标法》第49条规定的注册商标无正当理由连续3年不使用情形的，任何单位或者个人可以向商标局申请撤销该注册商标，提交申请时应当说明有关情况。商标局受理后应当通知商标注册人，限其自收到通知之日起2个月内提交该商标在撤销申请提出前使用的证据材料或者说明不使用的正当理由。期满未提供使用的证据材料或者证据材料无效并没有正当理由的，由商标局撤销其注册商标。

使用的证据材料，包括商标注册人使用注册商标的证据材料和商标注册人许可他人使用注册商标的证据材料。以无正当理由连续3年不使用为由申请撤销注册商标的，应当自该注册商标注册公告之日起满3年后提出申请。

一般来说，导致商标连续3年停止使用被撤销的常见情形主要包括以下几个方面：①他人提出撤销申请，商标局按注册人原注册地址下发提供使用证据通知，注册人因地址变更未收到文件导致提供证据超期；②他人提出撤销申请，注册人或工作人员收到商标局下发提供使用证据通知，因法律意识淡薄未加理会；③他人提出撤销申请，注册人收到商标局下发提供使用证据通知，但注册人提交了的使用证据不符合国家商标局的证据要求，未被采纳。

商标权人应合法使用注册商标，《商标法》第49条规定商标注册人在使用注册商标的过程中，自行改变注册商标、注册人名义、地址或者其他注册事项的，由地方工商行政管理部门责令限期改正；期满不改正的，由商标局撤销其注册商标。

（四）商标权人应防止商标无效

商标权人尤其要在商标交易的过程中担保自己的商标无瑕疵，维护商标的有效性，对即将到期的商标进行续展，防止商标过期注销，对有争议的部分尽量排除瑕疵。

《商标法》第 44 条规定已经注册的商标，违反本法第 10 条、第 11 条、第 12 条规定的，或者是以欺骗手段或者其他不正当手段取得注册的，由商标局宣告该注册商标无效。其他单位或者个人可以请求商标评审委员会宣告该注册商标无效。

商标局做出宣告注册商标无效的决定，应当书面通知当事人。当事人对商标局的决定不服的，可以自收到通知之日起 15 日内向商标评审委员会申请复审。商标评审委员会应当自收到申请之日起 9 个月内做出决定，并书面通知当事人。有特殊情况需要延长的，经国务院工商行政管理部门批准，可以延长 3 个月。当事人对商标评审委员会的决定不服的，可以自收到通知之日起 30 日内向人民法院起诉。

其他单位或者个人请求商标评审委员会宣告注册商标无效的，商标评审委员会收到申请后，应当书面通知有关当事人，并限期进行答辩。商标评审委员会应当自收到申请之日起 9 个月内做出维持注册商标或者宣告注册商标无效的裁定，并书面通知当事人。有特殊情况需要延长的，经国务院工商行政管理部门批准，可以延长 3 个月。当事人对商标评审委员会的裁定不服的，可以自收到通知之日起 30 日内向人民法院起诉。人民法院应当通知商标裁定程序的对方当事人作为第三人参加诉讼。

《商标法》第 45 条规定：已经注册的商标，违反本法第 13 条第 2 款和第 3 款、第 15 条、第 16 条第 1 款、第 30 条、第 31 条、第 32 条规定的，自商标注册之日起 5 年内，在先权利人或者利害关系人可以请求商标评审委员会宣告该注册商标无效。对恶意注册的，驰名商标所有人不受 5 年的时间限制。

商标评审委员会收到宣告注册商标无效的申请后，应当书面通知有关当事人，并限期进行答辩。商标评审委员会应当自收到申请之日起 12 个月内做出维持注册商标或者宣告注册商标无效的裁定，并书面通知当事人。有特殊情况需要延长的，经国务院工商行政管理部门批准，可以延长 6 个月。当事人对商标评审委员会的裁定不服的，可以自收到通知之日起 30 日内向人民法院起诉。人民法院应当通知商标裁定程序的对方当事人作为第三人参加诉讼。

商标评审委员会在依照前款规定对无效宣告请求进行审查的过程中，所涉及的在先权利的确定必须以人民法院正在审理或者行政机关正在处理的另一案件的结果为依据的，可以中止审查。中止原因消除后，应当恢复审查程序。

三、商标交易的管理

第一，交易商标的瑕疵调查，即在许可和转让商标的过程中，审查购买的商标是否有《商标法》第 44 和 45 条规定的无效情形，以防止在使用商标的过程中因侵权或购买商标的瑕疵发生不当损害。

如果购买的商标有瑕疵，可以依据交易合同要求许可人或转让人承担瑕疵赔偿责任。

一般措施：通过商标局网站的公开查询系统查询该商标完整的申请注册流程，一般包括申请日、注册日、专用权到期日，是否已续展，是否存在驳回、异议、转让、许可、质押、无效宣告、撤销 3 年不使用等情形。如果是申请中的商标，需要重点查询目前的状态，是否已进入实质审查阶段，是否已被驳回，是否已提交驳回复审申请，是否进入了异议程序，等等。如果是注册商标，需要重点查询注册是否存在许可、质押、无效宣告、撤销 3 年不使用等情形。如果是经历磨难较多的商标，流程的显示会很复杂，需要按照时间点梳理清楚，必要时需要查询该商标的各种公告信息，以便确认该商标究竟经历过什么，现在的状态如何。

第二，交易商标的主体资格，主要审查许可人或转让人是否为商标的所有权人，相关交易材料是否真实，防止交易风险和陷入侵权纠纷。

无论拟购买商标的状态是申请中或是注册中，均需要重点查询该商标目前的权利人，如果商标处于转让过程中则需要确认受让主体，锁定商标的实际所有人。因商标局的公开信息存在一定的滞后性，查询到的上述信息仅能作为参考，不可完全依赖。实践中，权利主体的规模越大购买的难度就越大，如果权利人实力雄厚，应先联系其商标代理机构，看是否存在交易的可能。

强调要找到真正的权利人，是因为实践中谈判往往是与权利人的代理人或是实际控制人谈，那么需要谨慎确认其是否有权代替权利人行使权利，最后是否可以签署真实的商标转让合同及转让申请书，以促成转让的顺利完成。

另外，谈判中购买者的身份将直接影响商标交易对方的出价，如果由律师事务所等法律服务机构谈判，出售者很容易根据律师事务所的规模推断出购买者的经济实力，所以现实中往往以小公司的名义直接进行谈判，以便降低交易成本。这一环节中的变数最大，需要时刻关注谈判对方的动向。

第三，交易内容的甄别，在许可和转让合同中注意合同内容中合同类型与交易价格的对价性，找出市场同类交易的参照依据，注意谈判技巧。

通过许可合同基本条款来控制风险，对合同中的关键术语要明确规定，如独占许可的含义，许可的具体内容，谁有权使用商标，商标权利人是否真实，许可的商品或标志是什么，许可的权利内容是什么，许可的方式是不是普通许可，许可的地域限制是哪些，商标是否存在争议，是否有商标瑕疵，商标在何地有效，商标的指定使用项目，商标是否存在限制，等等。

除此之外，商标权人对自己的注册商标还要定期核检，了解该商标所涉及的著作权是否在自己手里，注册商标与业务是否对应，商标使用与注册的一致性，商标是否到期，是否需要续展和续展注册。

第二节　商标权的保护

一、商标权的保护范围

《商标法》第 56 条规定注册商标的专用权，以核准注册的商标和核定使用的商品为限。因此，商标权的保护范围可以分为以制止混淆确定的保护范围和以反淡化确定的权利范围。

以制止混淆确定的保护范围：

商标法上的混淆是指已经或可能对商品或服务的来源及有关方面发生误认，包括现实混淆和可能混淆。现实混淆即购买者客观上已经发生了误认误购的事实。可能混淆则不要求已经产生混淆的事实，而是足以发生混淆即可。

以反淡化确定的权利范围：

淡化，是指减损、削弱著名商标识别性和显著性的行为，而不管驰名商标所有人和使用人之间是否存在竞争关系，或者存在混淆或误解的可能性。我国《商标法》第 49 条明确承认商标淡化。

最早进行商标反淡化立法的是美国。20 世纪 20 年代，斯凯特的商标反淡化理论得到理论界认同，并且由美国法院在判例中首先采用了商标反淡化的理论。1947 年马萨诸塞州制定了第一个州商标反淡化法，虽然美国的商标反淡化法理论和实践影响最大，但淡化理论源于欧洲，并且欧盟商标淡化立法也早于美国联邦立法。

淡化的表现形式主要有：

（1）冲淡和玷污。冲淡指无权使用人将相同或近似商标使用在与驰名商标商品不相同或不类似的商品上，从而使该驰名商标与其商品之间的特定联系弱化，如可口可乐肥皂、可口可乐裤子、可口可乐签字笔等。玷污是指一个商标被用于某些服务或商品上或用于某种环境下，有可能使该商标的良好信誉被贬低、毁损，如伊利马桶、4711厕纸。

（2）商标退化。商标退化是指由于商标使用不当，商标演变为商品的通用名称而失去识别功能。例如，将"柯达"注解为"胶卷"而不是"胶卷的商标"；将"Jeep"（吉普）注解为"越野汽车，而不是"越野汽车的商标"，这些行为都有可能使商标退化成商品的通用名称。

（3）"反向假冒"。反向假冒是行为人以自己的商标，标注在别人商品上的行为。

淡化行为造成的危害主要有：①损害商标权人的权利，通常淡化行为针对的是具有一定知名度的商标，淡化行为可能造成知名商标的损失。②扰乱市场秩序，如果任由淡化行为发生，不予制止会造成市场认知度的混乱，商标标识性的丧失。③侵害消费者的利益。④竞争者从他人的商标声誉中不当获利。

二、商标侵权行为

商标侵权行为是指侵犯他人注册商标专用权的行为。是指未经商标所有人同意，擅自使用与注册商标相同或近似的标志，或者妨碍商标所有人使用注册商标，并可能造成消费者产生混淆的行为。

依《商标法》第57条规定有下列行为之一的，均属侵犯注册商标专用权包括：

（1）未经商标注册人的许可，在同一种商品上使用与其注册商标相同的商标的；

（2）未经商标注册人的许可，在同一种商品上使用与其注册商标近似的商标，或者在类似商品上使用与其注册商标相同或者近似的商标，容易导致混淆的；

（3）销售侵犯注册商标专用权的商品的；

（4）伪造、擅自制造他人注册商标标识或者销售伪造、擅自制造的注册商标标识的；

（5）未经商标注册人同意，更换其注册商标并将该更换商标的商品又投入市场的；

（6）故意为侵犯他人商标专用权行为提供便利条件，帮助他人实施侵犯商标专用权行为的；

（7）给他人的注册商标专用权造成其他损害的。

对《商标法》第57条的理解需要注意以下几种侵权形式。

（一）使用侵权

使用侵权是指未经商标注册人的许可，在同一种或者类似的商品或服务上使用与注册商标相同或近似的商标。此类行为主要发生在商品生产领域，亦即制假行为，侵害人为商品制造商或服务项目提供者。使用侵权行为直接侵犯了商标权人的禁止权，是一种最典型的侵权行为。

使用侵权行为分为四种情形：①在同一种商品或服务上使用相同商标；②在同一种商品或服务上使用近似商标；③在类似商品或服务上使用相同商标；④在类似商品或服务上使用近似商标。

使用侵权的判断：①判断被控侵权商标的使用是否是商标意义上的使用，即该标识必须是作为区分商品或服务来源的作用，才构成侵权的使用。②在同一种商品或服务上使用与其注册商标相同的商标的为假冒商标，不以混淆为要件。③在同一种商品或服务上使用与其注册商标近似的商标，或者在类似商品或服务上使用与其注册商标相同或者近似的商标，须以混淆为要件判断是否构成近似。二者是否构成侵犯商标权意义上的近似，必须足以产生市场混淆，给予商标的标识性造成市场妨碍。

在判断商标近似时要注意：①以相关公众的一般注意力为标准；②既要进行对商标的整体比对，又要进行对商标主要部分的比对，比对应当在比对对象隔离的状态下分别进行；③判断商标是否近似，应当考虑请求保护注册商标的显著性和知名度。

知名度对商标近似判断的影响主要有：①两个商标知名度不高通常按照音、形、义等自然因素进行整体的比对；②两个商标有较高的知名度，比对不限于商标标识的构成因素，而考虑其实际使用背景知名度；③两个商标知名度相差悬殊，通常比对主要部分，而不采取整体比对。

（二）销售侵权

销售侵犯注册商标专用权的商品。不问"故意"还是"过失"，都属于侵犯他人注册商标专用权的行为，《商标法》第64规定："销售不知道是侵犯注册商标专用权的商品，能证明该商品是自己合法取得并说明提供者的，不承担赔偿责任。"能证明属于《商标法》第64条规定的商品是自己合法取得的情形包括：①有供货单位合法签章的供货清单和货款收据且经查证属实或者供货单位认可的；②有供销双方签订的进货合同且经查证已真实履行的；③有合法进货发票且发票记载事项与涉案商品对应的；④其他能够证明合法取得涉案商品的情形。

销售不知道是侵犯注册商标专用权的商品，能证明该商品是自己合法取得并说明提供者的，由工商行政管理部门责令停止销售，并将案件情况通报侵权商品提供者所在地工商行政管理部门。

（三）标识侵权

商标标识是指附着于商品之上的由商标图案组成的物质实体铭牌，纸张，织带，瓶贴等商标载体。

标识侵权是指伪造、擅自制造的他人注册商标标识或者销售伪造、擅自制造的他人注册商标标识。

根据我国《商标法》及《商标印制管理办法》的规定，商标印制单位必须是依法定程序申请，经主管部门批准从事商标印制业务的企业和个体工商户，印制注册商标标识应当持有县级以上工商行政管理局开具的注册商标印制证明。

（四）反向假冒侵权

"反向假冒"侵权是指未经商标注册人同意，更换其注册商标并将该更换商标的商品又投入市场的。

"反向假冒"行为之所以被确认为侵权行为，其根本原因在于该行为不仅混淆了商品的来源，损害了商标权人的经济利益和消费者的合法权益，而且妨碍了市场主体通过商标的使用进行市场竞争，破坏了社会主义市场竞争秩序。

"反向假冒"的认定要件：行为人未经许可便更换他人商品上的注册商标，行为人将更换了商标的商品又投入市场销售。这就意味着行为主体应当是经营者，而不是消费者。

要注意"反向假冒"与"反向混淆"是不同的。商标法上没有"反向混淆"的概念，商标法上的混淆，没有指正向混淆还是反向混淆。通常所说的商标侵权中的混淆一般指的是正向混淆，即先使用人已注册并使用商标，而后使用人为了利用先使用人的商誉、企业名声或是品牌效应而在同类商品或服务上使用近似商标或在近似商品或服务上使用相同或近似商标，造成消费者对商品或服务来源的混淆，以为后使用人的商品或服务就是先使用人的商品或服务。而"反向混淆"刚好相反是造成消费者以为先使用人的商品或服务就是后使用人的商品或服务。

美国第十巡回法院在 Westward Coach Mtg. Co. V. Ford Motor Co. 案件中首次提出的，案件中用正向混淆规则分析了反向混淆问题。"反向混淆"获得司法承认则是在 1977 年的"大脚轮胎"案后。在立法政策上需要保障消费者不受混淆，无论是正向或反向，都应该一体适用。只是差别在于认定的标准会因当事人的行为导向不同而有所不同。在是否有构成反向混淆之虞的认定上就必须考虑：①在先商标的固有或透过第二含意所获得的显著性；②事实上是否造成混淆以及在先商标权利人对其商标维护所做的努力（尤其对其既有的消费群而非在后标志使用者的消费者）；③被告的意图与是否有构成混淆之虞没有任何关系。故意的存在只与损害赔偿有关。真正的困难是在损害赔偿。法院必须采取衡平考量，确保原告不是借机敲诈。

"反向混淆"造成的后果主要如下：

第一，对商标权人而言，它使得先使用人对商品、商标的投入被抹杀，市场上的消费者不知道商标的在先使用人，更甚是将先使用人的商品误认为是后使用人的商品。使得先使用人失去了商标的价值，割裂了先使用人与商标的联系，抑制了品牌发展的空间，其市场竞争力也随之减弱。

第二，动摇了商标制度。禁止商标反向混淆是对商标原始取得的保护，如果不对其进行规制，就会使后使用者随意使用在先使用者的商标，那么商标取得制度就会失去其价值，破坏商标法的秩序和公平原则。

第三，对消费者而言，商标的反向混淆也带给消费者不良的影响。商标作为区分商品来源的标识，对消费者在购物过程中商品或服务的选择极其重要，如果不同来源的商品用的是同一商标或易混淆商标就极可能误导消费者选择非自己想要的商品或服务，损害了消费者的自由选择权。

认定"反向混淆"构成侵权的知名案例有以下几个：①"新百伦"商标侵权案（广东省高级人民法院〔2015〕粤高法民三终字第 444 号）；②"卡斯特"商标侵权案（最高人民法院〔2014〕民提字第 25 号）；③纵横二千〔G2000〕商标侵权案（浙江省高级人民法院〔2008〕浙民三终字第 108 号）；④蓝色风暴商标侵权案（浙江省高级人民法院〔2007〕浙民三终字第 74 号）。

上面 4 起案件中，原告基本都是选择"以侵权人因侵权所获得的利益"计算赔偿金额。"新百伦"案，一审支持原告诉讼请求，按被告获利判决赔偿 9800 万元，二审以侵权行为与利润之间无直接因果关系为由予以改判，以被告自认的 140 万元获利为依据，酌定赔偿 500 万元。"卡斯特"案一审根据被告的侵权获利判决赔偿 3373 万元，二审维持。再审时，法院认为侵权与获利之间无因果关系，并综合本案事实并考虑商标权人使用商标的情况、双方当事人就诉争商标的措施情况、侵权行为的性质、期间、后果等因素，酌情确定赔偿数额为 50 万元。"G2000"案，一审根据被告的请求，判决赔偿 2000 万元。法院认为被告获利实际超过 2000 万元，二审修正计算方法，认定获利 1257 万元，遂改判为 1257 万元。"蓝色风暴"案，一审认定不构成侵权，驳回诉讼请求。二审认定侵权，并认为被告获利巨大，酌情判赔 300 万元。

故意为侵犯他人商标专用权行为提供便利条件，帮助他人实施侵犯商标专用权行为的，为侵犯他人商标专用权提供仓储、运输、邮寄、印制、隐匿、经营场所、网络商品交易平台等，属于商标法第 57 条第 6 项规定的提供便利条件。

（五）其他侵权行为

第一，在同一种商品或者类似商品上将与他人注册商标相同或者近似的标志作为商品名称或者商品装潢使用，误导公众的，属于《商标法》第 57 条第 2 项规定的侵犯注册商标专用权的行为。

第二，《商标法》第 58 条规定将他人注册商标、未注册的驰名商标作为企业名称中的字号使用，误导公众，构成不正当竞争行为的，依照《中华人民共和国反不正当竞争法》处理。

第三，将与他人注册商标相同或者近似的文字注册为域名，并且通过该域名进行相关商品交易的电子商务，容易使相关公众产生误认的。

实务当中还要注意下列几种侵害行为的把握：

商家在自己品牌产品实际售卖中标题描述或商品详情页面内容中设计存在未经授权使用其他商标的情况，对消费者造成了误导。①自有品牌的产品设计涉及他人商标。例如，甲自己注册了 A 品牌的运动鞋，在鞋标上用的是 A 品牌，但在鞋上的图案用了

B 品牌。②虽然获得他人品牌授权，但却超过商品范围销售品牌商未生产过的型号、系列的。例如，甲获销售乙公司授权的 A 品牌产品，后销售乙并未生产过的 30000 毫安的移动电源；③销售他人品牌包装袋、包装盒、标签、纽扣、证书、图案贴等品牌商品的配件或配套产品。例如，甲卖家虽不销售 B 品牌成品，但销售 B 品牌商品的纽扣。④商品展示背景使用他人品牌包装袋、包装盒导致消费者混淆的。例如，卖家销售眼镜，但是放在印有 B 品牌的眼镜盒上，导致混淆。⑤在商品中使用他人品牌名称或衍生词，品牌 Logo 或相似 Logo，或进行遮挡、涂抹行为或明示、暗示他人品牌或使用外形类似知名商品的工程设计图且文字含有模仿品牌衍生词的表述（包括但不限于产品标题、属性、描述、商品组名等商品文本信息中或店铺名称、店铺 banner、滚动页等店铺装潢图片）。

三、法律责任

（一）行政制裁

《商标法》第 60 条规定，有本法第 57 条所列侵犯注册商标专用权行为之一，引起纠纷的，由当事人协商解决。不愿协商或者协商不成的，商标注册人或者利害关系人可以向人民法院起诉，也可以请求工商行政管理部门处理。

工商行政管理部门处理时，认定侵权行为成立的，责令立即停止侵权行为，没收、销毁侵权商品和主要用于制造侵权商品、伪造注册商标标识的工具，违法经营额 5 万元以上的，可以处违法经营额五倍以下的罚款，没有违法经营额或者违法经营额不足 5 万元的，可以处 25 万元以下的罚款。对 5 年内实施两次以上商标侵权行为或者有其他严重情节的，应当从重处罚。销售不知道是侵犯注册商标专用权的商品，能证明该商品是自己合法取得并说明提供者的，由工商行政管理部门责令停止销售。

对侵犯商标专用权的赔偿数额的争议，当事人可以请求进行处理的工商行政管理部门调解，也可以依照《中华人民共和国民事诉讼法》向人民法院起诉。经工商行政管理部门调解，当事人未达成协议或者调解书生效后不履行的，当事人可以依照《中华人民共和国民事诉讼法》向人民法院起诉。

计算《商标法》第60条规定的违法经营额，可以考虑下列因素：①侵权商品的销售价格；②未销售侵权商品的标价；③已查清侵权商品实际销售的平均价格；④被侵权商品的市场中间价格；⑤侵权人因侵权所产生的营业收入；⑥其他能够合理计算侵权商品价值的因素。

《商标法》第61条规定对侵犯注册商标专用权的行为，工商行政管理部门有权依法查处。涉嫌犯罪的，应当及时移送司法机关依法处理。第62条规定县级以上工商行政管理部门根据已经取得的违法嫌疑证据或者举报，对涉嫌侵犯他人注册商标专用权的行为进行查处时，可以行使下列职权：①询问有关当事人，调查与侵犯他人注册商标专用权有关的情况；②查阅、复制当事人与侵权活动有关的合同、发票、账簿以及其他有关资料；③对当事人涉嫌从事侵犯他人注册商标专用权活动的场所实施现场检查；④检查与侵权活动有关的物品，对有证据证明是侵犯他人注册商标专用权的物品，可以查封或者扣押。

工商行政管理部门依法行使前款规定的职权时，当事人应当予以协助、配合，不得拒绝、阻挠。在查处商标侵权案件过程中，对商标权属存在争议或者权利人同时向人民法院提起商标侵权诉讼的，工商行政管理部门可以中止案件的查处。中止原因消除后，应当恢复或者终结案件查处程序。

（二）民事责任

《商标法》第63条规定："侵犯商标专用权的赔偿数额，按照权利人因被侵权所受到的实际损失确定；实际损失难以确定的，可以按照侵权人因侵权所获得的利益确定；权利人的损失或者侵权人获得的利益难以确定的，参照该商标许可使用费的倍数合理确定。对恶意侵犯商标专用权，情节严重的，可以在按照上述方法确定数额的一倍以上三倍以下确定赔偿数额。赔偿数额应当包括权利人为制止侵权行为所支付的合理开支。人民法院为确定赔偿数额，在权利人已经尽力举证，而与侵权行为相关的账簿、资料主要由侵权人掌握的情况下，可以责令侵权人提供与侵权行为相关的账簿、资料；侵权人不提供或者提供虚假的账簿、资料的，人民法院可以参考权利人的主张和提供的证据判定赔偿数额。权利人因被侵权所受到的实际损失、侵权人因侵权所获得的利益、注册商标许可使用费难以确定的，由人民法院根据侵权行为的情节判决给予三百万元以下的赔偿。"

该条规定是知识产权制度中第一次引入惩罚性赔偿，即对恶意侵犯商标专用权，情节严重的，可以处以赔偿额的一倍至三倍。

《商标法》第64条规定："注册商标专用权人请求赔偿，被控侵权人以注册商标专用权人未使用注册商标提出抗辩的，人民法院可以要求注册商标专用权人提供此前三年内实际使用该注册商标的证据。注册商标专用权人不能证明此前三年内实际使用过该注册商标，也不能证明因侵权行为受到其他损失的，被控侵权人不承担赔偿责任。销售不知道是侵犯注册商标专用权的商品，能证明该商品是自己合法取得并说明提供者的，不承担赔偿责任。"

（三）刑事责任

《商标法》第67条规定："未经商标注册人许可，在同一种商品上使用与其注册商标相同的商标，构成犯罪的，除赔偿被侵权人的损失外，依法追究刑事责任。伪造、擅自制造他人注册商标标识或者销售伪造、擅自制造的注册商标标识，构成犯罪的，除赔偿被侵权人的损失外，依法追究刑事责任。销售明知是假冒注册商标的商品，构成犯罪的，除赔偿被侵权人的损失外，依法追究刑事责任。"

《商标法》第 68 条还对商标代理机构的行为做出规定，有下列行为之一的，由工商行政管理部门责令限期改正，给予警告，处一万元以上十万元以下的罚款；对直接负责的主管人员和其他直接责任人员给予警告，处五千元以上五万元以下的罚款；构成犯罪的，依法追究刑事责任包括：

（1）办理商标事宜过程中，伪造、变造或者使用伪造、变造的法律文件、印章、签名的。

（2）以诋毁其他商标代理机构等手段招徕商标代理业务或者以其他不正当手段扰乱商标代理市场秩序的。

（3）违反《商标法》第 19 条第 3 款、第 4 款规定的。

商标代理机构有前款规定行为的，由工商行政管理部门记入信用档案；情节严重的，商标局、商标评审委员会并可以决定停止受理其办理商标代理业务，予以公告。

商标代理机构违反诚实信用原则，侵害委托人合法利益的，应当依法承担民事责任，并由商标代理行业组织按照章程规定予以惩戒。

第三节　驰名商标

一、驰名商标的概念

驰名商标是指经过长期使用，在市场上享有较高信誉并为公众熟知的商标。与普通商标相比，驰名商标有以下几个特点：

（1）驰名商标具有较强的认知功能。该认知度是以相关公众的认可为要件，而非广大公众。

（2）驰名商标在市场上享有较高信誉，商品质量恒定、优良。

（3）驰名商标必须以商标在中国境内驰名为必要。

（4）驰名商标既包括注册的驰名商标，也包括未注册的驰名商标，既适用商品商标的保护，也适用服务商标的保护。

二、驰名商标的意义

最早提出驰名商标保护的是《巴黎公约》。驰名商标这一概念最早见于《巴黎公约》，该公约第 6 条第 2 款规定：公约的任何成员国，在本国法律允许的条件下，对于其他成员国主管机关认为该国一项商标已成为驰名商标，都要按其本国法律允许的职权或应有关当事人的请求，拒绝或取消注册，并禁止使用。《知识产权协定》不仅对上述规定作了认可，而且进一步将驰名商标的保护范围扩大到服务商标，并且将已经注册的驰名商标所有人的权利延伸到了"不相类似"的商品上，商标驰名的保护是对注册制度的重要补充：可以对抗抢注，可以禁止他人使用。

WIPO 联合建议以最概括的方式提出了认定驰名商标的基本原则，即考虑可能涉及的一切情况。除重申不要求在有关国家实际使用，只要驰名（包括促销产生的知名度）及适用服务商标外，从三个方面明确：①保护国作为驰名发生地；②驰名范围明确限定在公众的有关领域，相关公众的范围无疑是决定驰名商标保护程度高低的一个重要因素，并细化相关公众的定义；③对驰名商标的保护范围：相同类似商品或者服务上，易于造成混淆、复制、模仿、翻译、音译，且暗示存在联系可能损害所有人利益、削弱或者淡化显著性、不正当地利用显著性。

三、驰名商标的认定

我国《商标法》和《商标法实施条例》修改后都增加了保护驰名商标的内容，不仅规定了驰名商标的特殊保护，而且规定了驰名商标的认定。

（一）驰名商标认定

驰名商标认定的原则包括被动保护，个案认定，事实认定。驰名商标认定机关包括商标局、工商局、商评审、人民法院。

商标局，在商标注册审查、工商行政管理部门查处商标违法案件过程中，当事人依照本法第13条规定主张权利的，商标局根据审查、处理案件的需要，可以对商标驰名情况做出认定。工商行政管理部门，查处商标违法案件过程中根据当事人的要求认定。商标评审委员会，在商标争议处理过程中，当事人依照本法第13条规定主张权利的，商标评审委员会根据处理案件的需要，可以对商标驰名情况做出认定。人民法院，在商标民事、行政案件审理过程中，当事人依照本法第13条规定主张权利的，最高人民法院指定的人民法院根据审理案件的需要，可以对商标驰名情况做出认定。

如果依商标法的规定足以保护商标权时，通常不用认定驰名商标，只有当商标持有人认为其权利受到侵害有必要时才提出驰名商标认定，这即所谓的被动保护。

（1）未注册的驰名商标权利人可以在面对混淆可能性时要求异议商标不予注册并禁止使用。

（2）注册的驰名商标除了享有注册商标一般保护外，还可以在一定程度上跨越相同或近似商品的一般约束条件。

驰名商标的认定是个案中查明事实、适用法律的前提，只有在案件需要并有当事人主张时，商标管理机关和人民法院才会先行做出认定。

（二）驰名商标认定标准

驰名商标应当根据当事人的请求，作为处理涉及商标案件需要认定的事实进行认定。认定驰名商标应当考虑下列因素：

（1）相关公众对该商标的知晓程度。申请人须提供证明相关公众对该商标知晓程度的有关材料。

（2）该商标使用的持续时间。申请人须提供证明该商标使用持续时间的有关材料，包括该商标使用、注册的历史和范围的有关材料。

（3）该商标的任何宣传工作的持续时间、程度和地理范围。

申请人须提供证明该商标的任何宣传工作的持续时间、程度和地理范围的有关材料，包括广告宣传和促销活动的方式、地域范围、宣传媒体的种类以及广告投放量等有关材料。

（4）该商标作为驰名商标受保护的记录。申请人须提供证明该商标作为驰名商标受保护记录的有关材料，包括该商标曾在中国或者其他国家和地区作为驰名商标受保护的有关材料。

（5）该商标驰名的其他因素。申请人须提供证明该商标驰名的其他证据材料，包括使用该商标的主要商品近三年的产量、销售量、销售收入、利税、销售区域等有关材料。

四、驰名商标的保护

《商标法》第13条规定为相关公众所熟知的商标，持有人认为其权利受到侵害时，可以依照本法规定请求驰名商标保护。

就相同或者类似商品申请注册的商标是复制、摹仿或者翻译他人未在中国注册的驰名商标，容易导致混淆的，不予注册并禁止使用。

就不相同或者不相类似商品申请注册的商标是复制、摹仿或者翻译他人已经在中国注册的驰名商标，误导公众，致使该驰名商标注册人的利益可能受到损害的，不予注册并禁止使用。

当事人依据《商标法》第13条第2款主张诉争商标构成对其未注册的驰名商标的复制、摹仿或者翻译而不应予以注册或者应予无效的，人民法院应当综合考量如下因素以及因素之间的相互影响，认定是否容易导致混淆：①商标标志的近似程度。②商品的类似程度。③请求保护商标的显著性和知名程度。④相关公众的注意程度。⑤其他相关因素。

商标申请人的主观意图以及实际混淆的证据可以作为判断混淆可能性的参考因素。

当事人依据《商标法》第13条第3款主张诉争商标构成对其已注册的驰名商标的复制、摹仿或者翻译而不应予以注册或者应予无效的，人民法院应当综合考虑如下因素，以认定诉争商标的使用是否足以使相关公众认为其与驰名商标具有相当程度的联系，从而误导公众，致使驰名商标注册人的利益可能受到损害：①引证商标的显著性和知名程度。②商标标志是否足够近似。③指定使用的商品情况。④相关公众的重合程度及注意程度。⑤与引证商标近似的标志被其他市场主体合法使用的情况或者其他相关因素。

当事人主张诉争商标构成对其已注册的驰名商标的复制、摹仿或者翻译而不应予以注册或者应予无效，商标评审委员会依据《商标法》第 30 条规定裁决支持其主张的，如果诉争商标注册未满 5 年，人民法院在当事人陈述意见之后，可以按照商标法第 30 条规定进行审理。如果诉争商标注册已满 5 年，应当适用商标法第 13 条第 3 款进行审理。

驰名商标保护方式体现在商标确权程序和商标使用管理两个方面。

人民法院判断诉争商标申请人是否"恶意注册"他人驰名商标，应综合考虑引证商标的知名度、诉争商标申请人申请诉争商标的理由以及使用诉争商标的具体情形来判断其主观意图。引证商标知名度高、诉争商标申请人没有正当理由的，人民法院可以推定其注册构成《商标法》第 45 条第 1 款所指的"恶意注册"。

驰名商标保护范围：驰名商标保护的特征在于特殊保护。"特殊"体现在以下方面：如果是未注册的驰名商标，给予保护，但保护的范围仅限于同种和类似的商品或服务的范围。如果是注册的驰名商标，商品或服务的范围可扩大到不相同不类似的商品或服务上，即跨类保护。标志的范围可延伸到商标外其他商业标志。防止淡化其驰名商标的权利。

对于驰名商标，已经注册的，自该商标核准注册之日起 5 年内，驰名商标所有人或者利害关系人可以请求国家工商行政管理局商标评审委员会予以撤销，但恶意注册的不受时间限制。

第九章　版权与相关民事权利

第一节　版权的概念及特征

版权又叫著作权，是指著作权人对文学、艺术或科学作品依法享有的财产权利和人身权利。

英美法系国家最早使用"版权"的概念来描述著作权人所享有的基本权利，其本意是禁止他人未经授权而复制或使用作品。大陆法系国家著作权法所采用的"作者权"概念起源于法国。关于"著作权"的称谓，据史料记载，最早是日本学者在翻译西文"版权"一词时引入的，并于 20 世纪初传入我国。

版权的特征主要表现为：版权具有双面性，即具有人身权、财产权两权一体性。版权主要是针对文学和艺术领域的作品，但不排除非艺术领域的独创性作品。版权自动取得，作品自创作完成之日起，即刻自动产生著作权，不必履行法律规定的任何手续。版权具有单点效力，单点效力是指版权人仅对自己创作作品的控制力，对他人依据自己作品进行的演绎派生作品并不享有版权。

1709 年，英国议会通过了世界上首部著作权法——《为鼓励知识创作而授予作者及购买者就其已印刷成册的图书在一定时期内之权利法》（简称为《安娜女王法令》）。该法最突出的特点在于使著作权由最初的"印刷翻印权"演变成具有现代意义的"版权"。

法国早在 1777 年由国王路易十六颁布了 6 项关于印刷出版方面的法令，确认作者有权出版和销售自己的作品。1791 年的《著作权法》，不仅承认作者享有出版权，而且承认其享有表演权。法国著作权法最主要的特点是以"人格价值观"为理论基础，在保护著作财产权的同时，强调对作者精神权利的全面保护。

1783 年，康涅狄格州在专栏作家罗思·韦伯斯特的推动下，制定了美洲第一部著作权法。

1903 年，中国和美国在上海签订了《中美续议通商行船条约》，这是我国历史上第一部涉及著作权的条约，也是近代著作权法律制度引入我国的开端。为了履行 1903 年中美条约的义务，1910 年清政府颁布了中国第一部著作权法——《大清著作权律》。

第二节　版权与相关民事权利的区别

一、版权与所有权

（一）版权客体具有无形性

所有权客体为有形的动产和不动产，版权的客体则为无形的精神成果，表现为具有精神消费性的文学、艺术、科学等作品。

（二）版权利用上的特殊性

所有权只能对有形物体进行物质上的利用，而作品则具有演出、展览、出版、广播、发行、网上发布等特殊利用方式。

（三）版权权能的可分性

所有权的权能为占有、使用、处分和收益，版权权能则表现得很丰富，对于所有权不能就同一内容数次处分，而著作权的同一权能却可以处分多次。其可分性可以表现为：著作权中人身权与财产权的分离，著作财产权中各项权能的分离，以及著作权与作品原件及作品物质载体的分离。

（四）版权存续的有限性

所有权的客体由于具有消耗性，所以法律不为时间的限定，而任由其自然损耗，所有权存续是永久的，只要原物不灭失，所有权就将永远存在。但版权对象是具有非消耗性的作品，法律对此并不永久保护，而是确定了版权的时间制度，版权仅在法律确定的时间之内有效，超过该时间，即进入公有领域，任何人都可以使用，而无需许可和付费。所有权作为绝对权利，其属性最为完整，不受时间和地域的限制。

（五）版权具有人身依附性

著作权具有人身依附性，而所有权则表现为单独的财产权性质，所有权的标的是动产和不动产等有形物，所表现为对有形物的支配权。著作权标的是无形的人类精神和智力活动的成果，思想或情感的一定表现。

二、版权与商标权

第一，著作权和商标权在取得保护的方式上有所不同。版权自创作完成即自动取得，商标权则依注册取得。

第二，著作权和商标权在一定情况下还可能发生交叉关系，即商标设计图案可以作为商标受商标法的保护，也可以构成一件艺术作品受著作权法的保护。

第三，保护时间不同，著作权的保护期较长一般为 50 年，且不能续展，商标权保护期 10 年，但期满可续展。

第四，权利内容不同，著作权的人身权利色彩较重，财产权利复杂多样，而商标权主要是财产权利的内容。

第五，权利的排他性不同，著作权的排他性较弱而商标权的排他性较强。

第六，著作权法只关注作品的形式，没有合法与非法之分。某一表达形式只要具备著作权法规定的作品条件，在著作权法范围内即应享有完整的权利，著作权权利的产生和权利的范围均与思想无关。这一特性区别于工业产权（专利和商标）。发明创造或商标均可以因内容而不赋予权利。比如，我国《专利法》第 5

条规定"对违反法律、社会公德或者妨害公共利益的发明创造，不授予专利权"。我国《商标法》第 10 条和第 11 条分别规定了禁止作为商标使用和禁止作为商标注册的标志。

三、版权与专利权

第一，在取得保护的方式上有所不同。版权自创作完成即自动取得，专利权则依申请审批取得。

第二，著作权并不保护作品的思想，而只保护作品的表达方式。专利权所保护的是发明人创造的技术思想或方法。

第三，著作权并不要求保护的作品是首创的，而只要求它是独立创作的。任何作品只要是独立创作的，不论其是否与已发表的作品相似，均可获得独立的著作权。而对于同一内容的发明，专利权只授予先申请人，这是"首创性"的，它与版权的"独创性"要求不同。

第四，保护时间不同，著作权的保护期较长一般为 50 年，专利权保护期最长 20 年，实用新型和外观设计仅保护 10 年，且不能续展。

第五，权利的排他性不同，著作权的排他性较弱而专利权的排他性较强。

从"正骨敷药方"中药配方案件看版权与专利保护差异：在原告主张被告侵犯其父中医配方"正骨敷药方"的著作权一案中，法院认为，当事人混淆了技术（中医配方）与技术之表述（中医配方的表述）的区别，前者属于专利、技术秘密保护范畴，后者属于著作权保护范畴。

该案中，"正骨敷药方"是中医配方，该配方记载的是利用中药治疗骨折的一种技术信息，这种通过配方名、主治、药物、制法、用法、附记的方式对中医配方所进行的表述是中医配方通常的表述方式，不具有独创性。其药物组成的表述也仅仅是将众所周知的中药药名进行排列、组合，这种排列、组合体现的是技术信息，在表述方式上亦不具有独创性。

因此，该案依版权法认定"正骨敷药方"不属于作品，不适用版权法，被告不构成对版权的侵害。但是该案所涉技术信息是属于专利或技术秘密保护的对象，由于原告方未取得专利，并通过公开出版物的方式公开了"正骨敷药方"信息，导致不能适用专利法和商业秘密保护的规定。该案很好地体现了专利、技术秘密、作品保护的特点。

四、版权与肖像、隐私等人格权

肖像、隐私等权利为独立的人格权，在与肖像、隐私等人格有关的美术、摄影、传记、视觉等作品的创作过程中，由于版权的主体与肖像、隐私等人格权的主体不一致，因此二者常常会发生冲突。

法律一方面要求创作者要尊重他人人格，同时也要保护创作者的版权。在相关冲突中应注意把握如下几个原则。

第一，根据《中华人民共和国著作权法》（以下简称《著作权法》）第17条的规定，受委托创作的作品，著作权的归属由委托人和受托人通过合同约定，合同未做明确约定或者没有订立合同的，著作权属于受托人。据此，有关当事人在委托他人为自己拍摄照片、绘画肖像或塑像时，首先可以通过合同约定著作权的归属。如果无约定或约定不明，则著作权归创作者所有。

第二，对于版权的主体与肖像、隐私等人格权的主体不一致，发生的冲突，法律可以规定由著作权人和肖像权人通过契约进行约定。如果无约定或约定不明，则应根据人格权高于著作权的原理，规定著作权在营利性使用该作品时，应事先征得肖像隐私权人许可，并支付相应报酬，否则应视为侵权行为，承担民事责任。

第三，委托人（肖像隐私权人）和受托人（著作权人）在订立委托合同时，合同明确约定委托人有权以复制、发行广告等方式营利性使用的，则委托人应有权在其经营活动范围内营利性使用该作品。

如果委托人和受托人没有明确委托人有权营利性使用作品，或者没有理由认为受托人明知委托人将营利性使用作品，则在著作权属于受托人时，委托人欲营利性使用肖像等作品，应事先征得受托人许可。但委托人在使用肖像等作品时，应向受托人支付相应报酬。

五、版权与商品化权益

商品化权益一般是指将真人、虚拟角色或其他财产物的形象名称等确认因素付诸商业性使用的权利。也有将商品化权益表述为"将能够产生创造大众需求的语言、名称、题目、标记、人物形象或这些东西的结合用于商品上使用或者许可他人使用的权利"。

例如，甲用哈利·波特名称注册为其公司的商标，甲公司用哈利·波特影像制作玩具等就是利用版权中的人物或作品名称作为商业运作的卖点，而此卖点正是由版权创造出来的，因此版权人对此应可以主张利益和排除他人非法使用。另一个著名案件是游戏软件公司向市场推出一套赛马游戏，其中的马匹所用的名字完全是在历届赛马大赛中获得过优异成绩的、深受赛马者喜爱的马匹的真实名字。于是这些马匹的所有人以自己垄断支配这些名称所具有的经济价值的权利受到侵害为由，提起诉讼，要求该公司停止销售该软件并赔偿损失。该案也涉及知名马匹的名称商业化权益。

商品化权益的产生，源于现实商业社会的实际需求，是市场首先发现了这种特定因素。1978 年，迪士尼公司商品化部销售印有卡通人物名字和形象的商品，销售额达到 27000 万美元。1979年销售与电影"星球大战"中的人物有关的产品达 10 亿美元。形象、角色等商品化所带来的巨大商业利润使得一些厂商未经权利人允许就擅自使用知名人士或虚构角色的形象，独享全部利益。知名形象的商品化权益使用之争成为近年来社会经济生活中的热点和司法界的难题。随着经济发展，整个社会的商品化现象日益突出。国外学者从 20 世纪 50 年代就开始研究形象商品化问题，至今仍没有统一的认识。

我国《民法》和《知识产权法》对商品化权利并没有明确规定，但在 2017 年 3 月 1 日起实施的《最高人民法院关于审理商标授权确权行政案件若干问题的规定》第 22 条中规定当事人主张诉争商标损害角色形象著作权的，人民法院按照本规定第 19 条损害在先著作权进行审查。

对于著作权保护期限内的作品，如果作品名称、作品中的角色名称等具有较高知名度，将其作为商标使用在相关商品上容易导致相关公众误认为其经过权利人的许可或者与权利人存在特定联系，当事人以此主张构成在先权益的，人民法院予以支持。

该规定仅从商标在先权利的角度提到了与著作权相关的商品化权益，但是实践中这类纠纷的复杂性及制度的缺失导致下列问题。

一是商品化权益的保护类型应该如何确定。除了角色形象、角色名称、作品名称、肖像、姓名、声音标语口号、与个人具联想关系的物、真实人物及虚拟角色、人格因素的权益外，是否还应包含"同人小说（当使用者未经许可使用了大量原作品中的人物姓名并对应他们彼此之间既定的某种关系，如男女朋友、夫妻、竞争对手等，来穿越时空编织一套新的故事时，这就要考虑是否已经构成了对于原作品改编与演绎的侵害，也有对原作的商业化权益的利用问题）"等。

也有人把商品化权益分为两类：一类是具有人格因素的权益——姓名权（包括笔名、艺名、别名等），如"闻一多""甄子丹""成龙"；自然人组合名称，如"S. H. E"。另一类是特定的知识产权，主要是能够产生商品化权益并且存在保护必要性和可能性的著作权。此种观点认为商品化权益的意义，在于能够将名人、作品或作品的特定要素的爱好者直接转化为消费群体，因此作品是否为大众喜闻乐见，是否具有艺术美感，是其商业性存在的关键。法律规定商品化权益，有利于保护创作者在相关领域的成果和贡献，防止被他人侵夺。能够衍生出商品化权益的人格因素，很多情况下是文字作品、视听作品以及音乐、曲艺、舞蹈、书法、美术等艺术作品的创作者，但也包括政治、体育等其他领域的名人。

二是商品化权益能否上升为权利以及如何固定这种权利，能否纳入知识产权。有学者认为商品化权客体表现为一种信誉，这种信誉的本质是一种无形财产，具有财产内容。这是因为一方面财产的本质在于能带来一定的物质利益，可以通过转让等方式实现其价值，商品化权可以由其主体将具备一定信誉的"形象"的商业性使用权授权他人行使来加以实现。另一方面作为商品化权客体的信誉内含了比社会平均劳动量更多的劳动。作品中的角色、片段或名称，被商业性使用形成的商品化权，其中不仅有作品作者的创造性劳动、传播者的创造性劳动，更有这些"形象"被商业性使用过程中特殊的广告宣传等促销劳动。

三是商品化权益是否对知名度有要求（没有知名度就没有商品化利用的可能）。多数学者认为，商品化权益的客体是一种由一定知名度和美誉度聚合而成的声誉，该声誉能够使公众产生消费需求和公众吸引力。商品化权益的客体是名称、角色等形象本身所具有的并为公众知晓的，能刺激公众消费需求的声誉，表现为一定的知名度、吸引力，依附于角色、名称、片断或标志等形象之上。消费者一见到商品上、商品包装上、服务上或广告宣传中使用的这些形象，就会联想到它们所内在蕴含的内容产生精神利益。而这些角色、名称、片断、标志等形象，只是商品化权益客体的载体。

由于声誉度在判断某一事物能否成为可商品化的形象具有重

要意义，在认定知名度上，应结合民意测验及调查、专家鉴定等手段来审理案件，以认定人物、动物形象，著名作品名称、片断、声音、图章以及标志等形象的知名度，而不是法官或合议庭的主观臆测和法条推演的内容。

四是侵害商品化权益构成要件是否应该包含：①知名度和识别力标准，即该商品化权益主体是否产生了潜在商业价值；②商品或服务的相关性，即该种使用是否容易使消费者建立两者之间的联系，是否具有混淆误认的可能性；③是否存在利益损害，即是否会导致权益人潜在商业价值和交易机会受损。

五是商品化权益类型化并抽象后的客体（对象）是什么，是否设置保护期限（如人格权的近亲属限制、小说虚拟角色50年限制）。

多数学者主张法律应创设商品化权益，使其成为法定权利。但这种权利应归属于哪一法律部门，学者们见解各异，主要有"版权说""类版权说""商誉权""综合说""新型人格权说""无形财产权说""新型知识产权说"几派观点。

例如，2015年功夫熊猫商标在二审判决中，最大的亮点在于法院对于商品化权益的明确认可和论述。

在该案中，胡某在"方向盘罩"等商品上申请注册KUNGFU PANDA商标，被梦工厂动画影片公司（下称梦工厂）提出异议，引证商标为核定使用在"计算机外围设备"和"活动玩偶玩具"等类别上的商标。由于商标类别相差较远，因此难以构成"同种或类似商品上的近似商标"。为了阻止胡某注册，梦工厂在异议程序和随后的诉讼中陈述了一条重要的理由，即其由于同名动画片《功夫熊猫》KUNGFU PANDA在中国的热映而对"KUNGFU PANDA"具有一种专属的商品化权益，因此应当排除他人对同名商标的注册。对此，商评委和一审法院均予以否定，理由是现有的法律并未将所谓商品化权益设定为一种法定权利，并且商品化权亦非法律所保护的民事权益，其权益内容和权益边界均不明确，因此难以认定梦工厂对"KUNGFU PANDA"名称在商标领域享有绝对、排他的权利空间，难以认定构成对他人商标注册的阻碍。

然而，梦工厂的诉求在二审中获得法院支持。北京市高院指出，梦工厂主张的对"功夫熊猫 KUNGFU PANDA"影片名称享有的商品化权益确非我国现行法律所明确规定的民事权利或法定民事权益类型，但当电影名称或电影人物形象及其名称因具有一定知名度而不再单纯局限于电影作品本身，与特定商品或服务的商业主体或商业行为相结合，电影相关公众将其对于电影作品的认知与情感投射于电影名称或电影人物名称之上，并对与其结合的商品或服务产生移情作用，使权利人据此获得电影发行以外的商业价值与交易机会时，则该电影名称或电影人物形象及其名称可构成商品化权并成为商标注册中的"在先权利"。

简要评价："功夫熊猫"的知名度在该案件中被使用，商业性投射被利用。

第三节　违禁作品的作品性探讨

我国《著作权法》规定，作品受保护的条件是独创性和可复制性，违禁与否并不是作品受著作权法保护的标准。违禁作品是否享有著作权和应否得到著作权法保护的问题，学术界已有充分讨论且已基本达成共识。那么违禁作品的著作权应如何保护呢？对此已有以下学术观点：

（1）将著作权的具体权项区分为消极权利和积极权利，对违禁作品作者的消极权利应予保护，对积极权利则不保护。

（2）作者可以消极行使权利，禁止积极行使权利，即作者不能通过自己的行为积极地行使版权，但如果他人未经许可使用了作品，则作者享有禁止权。

（3）对著作权中与出版、传播相关的权利禁止行使，保护与出版、传播无关的权利。

（4）保护违禁作品作者的著作人身权，而对著作财产权的保护应限制在消极意义上的禁止权。

还有一种观点是批判这种限制的，该观点认为，在著作权法框架内，任何主张因思想内容方面的公法目的而对作品权利直接加以限制的观点均是错误的，不论这种限制是针对权利内容还是针对权利行使。笔者也赞同这种认识。

著作权不得因作品的思想而受到限制的原则及其例外。思想表达二分法是著作权法的基础性原则。该原则的本意是强调思想的不可独占性，以实现传播思想、保护表达自由的目的，只要具备表达的独创性，即符合著作权法对作品的要求，并自作品创作完成之时自动产生著作权。著作权法的原理、原则，均不能作为以思想决定作品著作权的产生和权利内容的解释依据。

著作权法只关注作品的形式，在著作权法的视野内，作品是单颜色的、客观的，不能因作品的思想不同而赋予不同层级的权利。某一表达形式只要具备著作权法规定的作品条件，在著作权法范围内即应享有完整的权利，著作权权利的产生和权利的范围均与思想无关。

著作权法的这一特性，明显区别于工业产权。发明创造或商标均可以因内容而不赋予权利，此种不同的最重要原因是著作权的权利产生与工业产权的权利产生之间存在重大差别。对于著作权法律规定，著作权自动产生于具体的作品创作完成之时，即可依据该原则产生著作权。而工业产权则不同，法律在规定了其权利产生的原则的同时，还设计了具体的申请和审核程序，由行政机关对拟获得确权的客体逐一审查甄别，并通过公告和核发证书的形式确立一项具体知识产权的产生。

美国第五巡回上诉法院在1979年的"米切尔"一案中指出，以内容为基础对著作权、专利权和商标权加以限制的立法历史表明，著作权法不存在此类限制不是一个简单的忽略，而是一个有意识的政策选择。立法设计上的这一差别产生的原因有以下三方面。

第一，工业产权的价值在于其独占性，或者说，只有"独占"了，才能成其为权利。专利权最为典型：技术方案的客观性强，对同样的技术问题，不同主体提出的解决方案可能完全一致，如果专利权也是依据一定的原则自动产生，不确定数量的主体对同样的发明创造都拥有完整的专利权，那么，专利权的有无就没有多大价值了，专利制度就起不到鼓励发明创造的作用，整个专利法律制度赖以存在的基础也将不复存在。相对来说，对同一思想的表达形式雷同的概率要小得多，人们才用"巧合"一词来表达出现雷同的情形。著作权法只需对著作权的产生做出原则规定，无需行政机关对作品——甄别审查。

第二，依据社会道德标准来决定作品是否享有版权，如同将作品的艺术价值作为作品受保护的条件一样，对于法院来说是非常危险的做法。因为社会道德的标准会随着时代的变迁而变化。比如，以某一时代的标准判定作品为淫秽，而在后世人看来，这些作品可能不仅不是淫秽的，甚至具有很高的文学价值。即使在同一时期，不同地区、不同的人对作品的道德标准判断也会有较大的差异。以道德标准作为版权保护的条件将会引起著作权保护标准的混乱。

第三，作者对于作品的权利与宪法规定的表达自由密切相关，出版自由是表达自由的主要内容之一。依据宪法赋予公民的表达自由权，除非有明显和现实的危险，出版行为享有免于事先限制的权利。行政机关可以在事后对违禁作品进行行政处罚（包括禁止传播），但不得预先审查和限制作品的出版。从这一角度看，著作权自动产生的原则也是表达自由在著作权法中的体现。为保护表达自由，法律将对作品内容的审查，尤其是事前审查，限制在非常特殊的情形和尽可能小的范围内，最大限度地弱化对作品内容的干预。具体到保护私权的著作权法领域，则更应如此。著作权法的这一立法宗旨，也使其在整体上更单纯，不似工业产权法那样表现出强烈的功利性，承担更多的国家职能。

　　总之，不因思想而决定著作权的产生和著作权的内容，是著作权法的基本原理所决定，是著作权法不能妥协的原则；否则，著作权法势必"法将不法"。

　　例外的情形是，当作品思想内容的传播会损害私权（而不是公法上的利益或目的）时，事情的性质就发生了根本性的转变。比如，当作品的内容被传播会损害公民的隐私权或者肖像权时，著作权的行使就可以因被侵权人的请求而受到限制。然而，这种限制也无需在著作权法中加以规定，依据民法的一般规定即可解决。

第十章 作品、软件

第一节 作品

我国《著作权法》所称的作品，是指文学、文艺和科学领域内，具有独创性并能以某种有形形式复制的智力创造成果。

一、作品的可复制性

可复制性要求作品能以有形形式复制，即作品能通过印刷、绘画、录制等手段予以复制。

我国《著作权法》作品的类别一般包括：文字作品，口述作品，音乐、戏剧、曲艺、舞蹈、杂技艺术作品，美术、建筑作品，摄影作品，电影作品和以类似摄制电影的方法创作的作品，工程设计图、产品设计图、地图、示意图等图形作品和模型作品，计算机软件，法律、行政法规规定的其他作品。

作品类型化的意义：①为公众辨别作品提供了一个类比的基准，提供认识、思维上的便利。②《著作权法》作品的类别仅为例示规定，只要满足可复制性等作品性要件，就应是作品。例如，传统作品类别之外的表达形式的网页、PPT、发型等，只要具备了可复制性、独创性也可以为作品。我国著作权客体排除的领域：①法律、法规及官方文件。②时事新闻。③历法、通用数表、通用表格和公式。

作品的可复制性使得作品具有了客观性，作品正是通过复制使得作品载体化，并通过该载体实现其经济利益和使作品得以传播作品，使得作品的载体具有下列著作权法上的意义：

（1）对美术作品来说，最初使用的载体上所记录的作品同它的复制件不可相提并论。

（2）匿名作品原件的合法所有人行使除署名权以外的著作权。

（3）追续权只使用于原始载体上的作品。

（4）一般情况下毁损记载有作品的载体仅仅是对具体的财物的处分，而没有触及著作权。

二、作品的独创性

作品的独创性是指作品表达形式的独创性，即作品在表达形式上具有个性和一定的难度。独创性是法律保护作品表达方式的客观依据，是此作品区别于彼作品的重要标志，也是作品取得著作权的最主要条件。

作品独创性判断不能一概而论，应结合具体情况加以分析确定。对于独创性的判断要依创作类别进行分析，要看作品是汇编作品还是演绎作品，是文学、艺术作品、事实作品还是功能性作品，作品是原创作品还是二次作品而有所不同，不同种类的作品中，独创性的体现方式不同，程度也不同。在判断独创性时应当注意以下问题：

（1）作品由思想内容和表达形式构成，在判断独创性时只要求表达形式的独创性，不要求思想内容的独创性。因而满足表达形式的独创性是作品的基本底线。

（2）判断独创性的基准为作品的个性和创作高度，但该高度、难度应依不同的创作类型做区分。例如，在音乐、舞蹈、戏剧、小说、诗歌等艺术类创作中，作品通常不存在表达形式有限的问题，所以只要是独自完成的即可满足独创性要求。而像教学计划、电视节目表、产品说明书、通讯录等功能性成果，往往是对技术、方法、原则的表达，这样的表达要求准确、规范不能发挥想象力，因而表达形式受限，一般不能满足创造高度的要求而不能作为作品。当功能性作品所表达的技术、方法、原则只有复制该作品的相关部分才能使用时，表达就不具有独创性，不受著作权保护。报纸、杂志、论文集、案例选等汇编作品的独创性应当依据法律规定，只要满足选材，编辑方面的工作即可满足独创性。

以老庙公司黄金饰品吊坠侵犯腾讯公司 QQ 企鹅形象案件看独创性的判定：该案中腾讯公司主张保护的 QQ 企鹅美术形象虽然来自自然界的企鹅形象，但其整体上为一系列拟人化的浑圆的企鹅形象，头部与身体均为扁圆的半圆形、整体比例较为接近，眼睛为两个竖立的椭圆形，头部与身体用围巾分开，整体上较为浑圆可爱，与公有领域较为狭长的企鹅形象及老庙公司提供的《商标造型设计资料集》中的在先设计相比，在表现形式上存在明显差异，包含了作者独特的美学观念和构思，满足著作权法对美术作品独创性的要求。故腾讯公司主张保护的 QQ 企鹅美术形象构成受著作权法保护的美术作品，腾讯公司对其所享有的著作权应受法律保护。考虑到腾讯公司使用 QQ 企鹅美术作品的时间及该作品所具有的知名度和影响力，老庙公司作为一家零售范围遍及全国的知名黄金零售企业，具备接触该作品的可能，理应负有较高的注意义务，老庙公司生产、销售的被控侵权产品形象与 QQ 企鹅美术作品形象构成实质性相似，并且对于其生产销售产品的形象来源未提供证据证实，故法院认定老庙公司的行为侵害了腾讯公司对涉案美术作品享有的复制权和发行权。

综上，该案独创性的认定既考虑 QQ 图案形象的创造，又考虑知名度和影响力来确定老庙公司侵权，是对独创性动态性的一种客观认定。

三、关于实用艺术品两分保护

关于实用艺术作品的含义，有多种解释。世界知识产权组织

《著作权与邻接权法律术语汇编》将其定义为"适于作为实用物品的艺术作品，不论是手工艺还是按工业规模制作的作品"。《世界知识产权组织版权及相关术语汇编》将其定义为"表现为或应用于实用物品的美术作品，不论是手工艺品还是工业产品"。还有学者认为凡有实际用途的或混合于某一实用物品中的艺术创作，不论是工艺品还是以工业方法生产的作品，均被视为实用艺术作品。

本书作者认为，实用艺术作品应是特指艺术性和实用性无法分离的作品。实用艺术品中的艺术性和实用性可以分离，分离后的独立艺术表达可以作为美术作品保护，而无法分离的则应作为实用艺术作品受到著作权法保护。

作为实用艺术作品具备的要件是：实用艺术作品应当具有独创性，实用艺术作品应当具有可复制性，实用艺术作品应当具有实用性，实用艺术作品应当具有艺术性。实用艺术作品的实用功能和艺术美感必须能够相互独立，其能够独立存在的艺术设计具有独创性。

1992年颁布的《实施国际著作权条约的规定》第6条规定："对外国实用艺术作品的保护期，为自该作品完成起二十五年。美术作品（包括动画形象设计）用于工业制品的，不适用前款规定。"而在2014年国务院法制办起草的《中华人民共和国著作权法（修订草案送审稿）》第5条中，亦将美术作品和实用艺术作品并列为两种不同类别的作品。《伯尔尼公约》第2条第1款在列举文学和艺术作品类型时便是采用二者分立的模式，将实用艺术作品作为单独的一类专门列举。

对实用艺术作品适用可分离性标准并仅保护分离后的艺术独创性表达。《伯尔尼公约》第7条第4款将作为艺术作品保护的实用艺术作品的保护期限规定为不应少于自该作品完成之后算起的25年，这远低于一般作品的作者有生之年及其死后50年的保护期限。一般认为是为了避免特定文化市场与一般多用途产品市场之间不适当的冲突。WCT 第 9 条将摄影作品视同一般艺术作品，而不再如《伯尔尼公约》第 7 条一样降低其保护水平。这一解释保护期不同的说明同样也解释了将实用艺术作品与美术作品等其他一般作品分立的原因。

在司法实践中，法院一般也采取分离保护的做法。例如，在浙江某公司诉蓝盒国际有限公司等著作权权属、侵权纠纷案中，一、二审法院均认为保护的范围仅限于实用艺术品中具有艺术美感、构成美术作品的部分，著作权法不保护实用功能。

实用艺术作品作为一种独立的作品类型，本身就是指从对象中分离出的仅具艺术性的表达，自然无法再转化成为美术作品，这是不言自明的。另外，美术作品在转为实用，即创作完成后又进一步改造、增添实用功能时，如果这一新的产物中艺术性的表达与原先的美术作品基本相同的，则该产物并不具备著作权法对作品所要求的独创性，也并未产生新的权利，仍应受美术作品复制权的控制。例如，艺术美感因实用化而发生了改变，增添了新的富有个性的独创艺术表达，则有可能成为原作品的演绎作品，并作为新的实用艺术作品另外获得著作权，但这并不减损、更不会消灭原美术作品的著作权，这一新作品仍然要受到原美术作品改编权等权利的控制，加之两著作权权利的客体并不相同，所以也不存在著作权的转化。

区分实用艺术品和美术作品防止因错误理解和适用《实施国际著作权条约的规定》中规定的"美术作品（包括动画形象设计）用于工业制品的，不适用前款规定"，而使美术作品的著作权遭到减损。例如，某画家创作的卡通立体雕塑符合著作权法对作品独创性的要求，构成美术作品，后将其简单修改为存钱罐批量生产，艺术美感基本相同，并不会使原美术作品著作权转化为存钱罐实用艺术作品著作权，也不会使对美术作品著作权的保护期由 50 年以上变为 25 年。

四、新闻视频的作品性及权利维护

根据我国《著作权法》的规定，时事新闻是不受《著作权法》保护的。新闻视频是不是属于时事新闻的范畴呢？这需要判断新闻视频是否属于单纯事实消息。一则新闻应用比较简单的方式来表达新闻的各个要素，即在新闻界普遍说的 5W 标准，符合这种标准的就应当认为是单纯性的事实消息。如果属于单纯事实消息则不受版权保护，是否属于单纯事实消息，应根据具体案件判断。

例如，在《时事直通车》和《有报天天读》等视频节目案件中，法院在审理的过程中认为，这两档节目虽属于新闻类的节目，但在节目中有深度采访，特约评论员点评等精心设计的环节，节目整体上具有独创性，而不是单纯的新闻介绍播报，认定该新闻视频受《版权法》的保护。

关于新闻视频侵权诉讼中的合理使用的抗辩主张，《著作权法》第 22 条中关于合理使用做了明确规定：在下列情况下使用作品，可以不经著作权人许可，不向其支付报酬，但应当指明作者姓名、作品名称，并且不得侵犯著作权人依照本法享有的其他权利。如为介绍、评论某一作品或者说明某一问题，在作品中适当引用他人已经发表的作品，为报道时事新闻，在报纸、期刊、广播电台、电视台等媒体中不可避免地再现或者引用已经发表的作品等。

《著作权法》第 22 条提到为媒体报道时事新闻不可避免地再现或者引用已经发表的作品的问题。在《信息网络传播权条例》里面的第 6 条也提到了报道时事新闻不可避免的在线引用。但司法实践中，法院通常认为，现实中报道新闻的方式是多种多样的，作为网络提供服务者使用别人的新闻视频，往往是为了吸引关注，或者是增加点击量，从而获得相关的收益，这不属于法律上规定的"不可避免地再现或者引用"的问题。

从网络服务提供的过程来看，使用新闻视频本身就是在于传播这个视频，而不是为了介绍或者评论在使用这个视频。因此这也不应当属于合理使用的范畴。视频也不是反映新闻事件的必要手段，其中包含了独创性的智力成果，应当受到著作权保护。

另外，立法上有关广播权和信息网络传播权外延确定上存在模糊。以 2008 年广州奥运火炬传播的新闻视频和央视诉百度和搜狐两则案件为例，北京市高级人民法院的观点认为，实时转播不具有交互性的特点，网络用户选择播放的时间、地点或者是转播的内容，不应该由信息网传播权来调整。网络实时转播内容的初始转播行为采用的是无线方式的，可以用广播权来调整，如果是有线方式的，则可以用兜底条款第 10 条第 17 项的其他权利来调整。

第二节　软件

计算机软件是指计算机程序及有关文档。计算机程序，是指为了得到某种结果而可以由计算机等具有信息处理能力的装置执行的代码化指令序列，或者可以被自动转换成代码化指令序列的符号化指令序列或符号化语句序列。

一、概述

计算机软件作为作品的条件是原创性和固定性，计算机软件保护条例第八条规定计算机软件著作权人享有下列各项权利：

（1）发表权，即决定软件是否公之于众的权利。

（2）署名权，即表明开发者身份，在软件上署名的权利。

（3）修改权，即对软件进行增补、删节，或者改变指令、语句顺序的权利。

（4）复制权，即将软件制作一份或者多份的权利。

（5）发行权，即以出售或者赠与方式向公众提供软件的原件或者复制件的权利。

（6）出租权，即有偿许可他人临时使用软件的权利，但是软件不是出租的主要标的的除外。

（7）信息网络传播权，即以有线或者无线方式向公众提供软件，使公众可以在其个人选定的时间和地点获得软件的权利。

（8）翻译权，即将原软件从一种自然语言文字转换成另一种自然语言文字的权利。

（9）应当由软件著作权人享有的其他权利。

软件著作权人可以许可他人行使其软件著作权，并有权获得报酬。软件著作权人可以全部或者部分转让其软件著作权，并有权获得报酬。

《著作权法》第9条规定软件著作权属于软件开发者，本条例另有规定的除外。如无相反证明，在软件上署名的自然人、法人或者其他组织为开发者。

二、两个关于计算机软件案例引起的思考

微软公司诉某公司侵犯计算机软件著作权纠纷案，该案关注点为美、欧两地如何认定软件的交易究竟是买卖还是许可。

例如，微软公司发现某公司销售的汽车导航仪上安装有未经微软公司许可的 Windows CE 6.0 计算机软件，微软公司就此依据著作权起诉该公司。某公司辩称其从微软授权代理商处购买本案所涉计算机软件。微软公司提交该公司标准合同以证明微软公司交付的嵌入式系统均需要同时在嵌入式产品上贴有正版标签，而涉案汽车导航仪上并未贴有正版标签。某公司辩称涉案计算机软件产品供货时确有正版标签，但没有被告知需要将正版标签贴于产品上，故当时未贴，事后因公司搬家，正版标签全部遗失。一审法院认为，某公司构成对涉案计算机软件的复制、发行行为，其提供的证据不足以证明其复制、发行行为已获得合法授权，已侵犯了微软公司对涉案计算机软件的著作权。某公司不服一审判

决，提起上诉，二审法院判决驳回上诉，维持原判。

案件中导航仪的价值核心就是计算机软件，如果能拿出和微软经销商的合同以及交货验收单，那就证明其确有合法许可了，结果也许会不一样。导航仪的软件使用究竟是许可还是买卖？如果被认为是构成买卖的话，是否就有首次销售或权利用尽的问题？由于美国和欧盟对于如何判定是买卖抑或许可有相当不同的见解，如果法院采取类似欧盟法院的见解，可能结果会不一样。

（一）美国法院的判断条件

在 2010 年弗诺诉欧特克公司案中，美国联邦法院就巡回上诉法院订出了三个原则作为分析究竟权利人的首次交易究竟是"买卖"抑或"许可"的基准包括：

（1）权利人是否明确界定了使用人只是取得了许可？

（2）权利人是否在相当程度上限制了使用人得以转让其作品（软件）的能力？

（3）权利人是否对其软件的使用设定了值得注意的限制？

如果三项因素都同时具备，那么首次的交易行为就是"许可"而非"买卖"。

（二）欧盟法院的判断条件

在 2012 年的 Used Soft 案中（Used Soft GmbH v Oracle Intcmational Corp）欧盟法院（CJEU）认为，虽然软件的格式化合同上标志著是许可，但只要符合下列要件，交易即被视为买卖，特定产品上的权利便告"用尽"：

（1）权利人同意让其产品在欧洲经济区内上市。

（2）原始权利人给予了永久性许可（Perpetual License，亦即没有时间限制）。

（3）权利人获得了合理的对价。

（4）原始的持有人（即转售该"许可"的当事人）已在其装置上删除了所有关于该软件的存留复制品。

例如，磊若软件公司诉复旦大学附属肿瘤医院等侵犯计算机软件著作权纠纷案中，该案关注点为计算机远程登录取证的司法认定。

磊若软件公司（以下简称磊若公司）通过公证，经由 Telnet 远程监测，发现复旦大学附属肿瘤医院（以下简称肿瘤医院）名下的网站（www. shca. org. cn）安装磊若公司享有著作权的计算机软件，该安装行为并未获得磊若公司的许可。涉案网站由肿瘤医院委托上海尼德网络科技有限公司（以下简称尼德公司）开发、维护、更新网站业务、负责提供最新技术的开发、使用、运行和维护。该网站的内容存储于朗优公司所有的服务器上，尼德公司对该服务器没有控制权。磊若公司就此提起诉讼。一审法院认为，肿瘤医院、尼德公司及朗优公司未能排除使用涉案软件的可能性，认定涉案网站服务器在公证取证当时安装有涉案软件。由于肿瘤医院及尼德公司均不实际控制涉案网站所在的服务器，不具备安装侵权软件的实际可能性，因此认定服务器实际控制者朗优公司侵犯了磊若公司对涉案计算机软件享有的复制权。一审判决后，朗优公司提起上诉，二审法院判决驳回上诉，维持原判。

该案认定了服务提供商构成侵权，免除了医院的责任，作为被告针对原告采取 Telnet 登陆取得证据的合法性可以辩驳，计算机远程登录取证的司法认定，远程取证的必要性。但在个别具体的案例上如何具体操作还会有很多的争议。

计算机软件发展趋势及因此可能引起的法律保护上的变化。对计算机软件的法律保护，理想的状态是由一个法律来规制，但随着云平台的普及，这个想法的实现可能需要克服不少技术、法律、理念、习惯上的障碍。

将来很可能需要综合考虑著作权法、计算机软件保护条例、刑法、民法、网络安全法等各种法律、法规，来寻找合适的保护方式。这可能会继续在专门研究著作权法、专门研究刑法、专门研究民法或专门研究其他法律的同行中引起持续的争议。

第三节　大数据和云端版权

大数据是一种数据集合，是需要新处理模式才能具有更强的决策力、洞察发现力和流程优化能力的海量、高增长率和多样化的信息资产。

麦肯锡全球研究所对大数据给出的定义是一种规模大到在获取、存储、管理、分析方面大大超出了传统数据库软件工具能力范围的数据集合，具有海量的数据规模、快速的数据流转、多样的数据类型和价值密度低四大特征。

在维克托·迈尔－舍恩伯格及肯尼斯·库克耶编写的《大数据时代》中描述了大数据的5V特点（IBM提出）：Volume（大量）、Velocity（高速）、Variety（多样）、Value（低价值密度）、Veracity（真实性）。

大数据研究机构Gartner认为：大数据是需要新处理模式才能具有更强的决策力、洞察发现力和流程优化能力来适应海量、高增长率和多样化的信息资产。

大数据如今与商业紧密相连，大数据提供信息，也给提供了服务和利益，但大数据也是一把双刃剑，用不好会带来极大的损害。一直以来，对大数据的公有性、私密性如何协调，大数据应该归属与谁，对数据如何利用，都是人们关注和探讨的问题。经营者对掌握的数据应该如何利用、使用的限度、能否随意披露等问题都是需要解决的，关系到商业安全、信息安全、人格安全等众多方面。

近年云计算的成熟，云存储服务逐渐流行起来。云存储也被认为是网络硬盘，其不仅是提供网络空间，同时还能实现内容共享，而内容共享的背后就会产生版权问题。在云计算时代，点对点的传播、终端与终端的传播，都会形成新的侵权盗版方式，侵权越来多元化，涉及了有线、无线、手持阅读终端等多种渠道。

根据《中国移动互联网发展状况及其安全报告（2017）》，2016年中国境内活跃的手机上网码号数量达12.47亿，较2015年增长59.9%。在全国31个省、市、自治区和直辖市中，广东省的手机上网码号数量1.49亿，位居全国首位，江苏省和北京市的数量位居全国第二和第三，分别为1.31亿和0.78亿。移动互联网的多用户和多形式传播为版权保护和监管提出了更大的挑战。

云端服务器上作品的版权问题，不仅仅是电子书、音乐，也有时下热播的各种电视节目、体育赛事的转播等。王迁教授认为，与传统作品传播方式不同，云时代各种各样的作品都在云端，就是在服务器当中。这些内容的提供者应当设立技术保护措施。比如，用户想从云端调用内容在线欣赏或阅读，应当输入用户名和密码，而这个用户名和密码是需要付费购买的。他认为，在这方面还需要进一步加强立法，即不允许他人随意破解云端保护内容，也不允许提供破解工具或措施。

云技术也可有效地防止软件盗版，通过使用正版软件可以保护云端数据和内容，用户可以通过云技术使用软件租赁服务，避免使用盗版带来的法律风险，享受更安全的网络服务。有了云技术之后，用户的使用习惯以及盗版习惯也会发生改变。以前是一种软件安装或者复制，现在软件的使用变成了一种租用的服务，可以视为是信息化的服务，即按需收费。客户依据自身需求，选择性地从公有云上下载所需服务，这样既降低客户使用软件的成本，也可以对盗版软件的价格优势形成抗衡。在云技术中，需要很多新的技术和制度进行知识产权和版权的保护。

第十一章　版权内容与限制

第一节　版权的内容

版权的内容是著作权制度中最为核心的部分，通常是指著作权人基于作品所享有的各项人身权利和财产权利。

一、著作人身权

著作人身权指作者基于作品创作所享有的各种与人身相联系而无直接财产内容的权利。我国《著作权法》第 10 条规定著作人享有发表权、署名权、修改权和保护作品完整权四个方面的著作人身权。

著作人身权是作者基于作品依法享有的以人身利益为内容的权利，具有永久性、不可分割性、不能转让、不能继承等特点。著作人身权的内容有以下四个方面。

（一）发表权

发表权是指作者决定将作品公之于众的权利，行使发表权须注意发表的方式。发表可以表现为以出版、表演、展览、广播、上传于网络、放映、朗诵、讲授等方式将作品公之于众。

发表权只能行使一次，作品一旦以出版、表演、展览、广播等合法方式公之于众，即构成已发表作品。发表权的保护时间要求和财产权一致，即著作权的保护时间是指发表权和财产权的保护时间，推定为发表的情况。通常发表权作为人身权由作者行使，他人未经授权不得行使作者的发表权。但是许可使用（同意制片）、原稿出售、未做禁止发表声明等可以推定为作者同意发表。发表权的行使有时受第三人权利制约，如关于肖像的作品、涉及隐私的作品，合作作品的发表权的行使应该尊重肖像权人、隐私权人、合著作者的权利。

（二）署名权

署名权是表明作者身份，在作品上署名的权利。行使署名权时应注意，在作品上署名的人为作者。署名权的内容包括：作者有权决定是否在作品上署名，署真名还是假名，以及署名的顺序、正确表达身份等。作者有权要求他人在改编、翻译、广播、表演其作品时说明作者的身份。

（三）修改权

修改权即修改或者授权他人修改作品的权利。作者在行使修改权时应注意修改作品是对作品的错、漏部分进行必要的更正、补充和内容的增删。修改权作为人身权由作者行使，但是在下列情形中限制作者的修改权，一个是报社、杂志社对于来稿享有非实质性修改的权利，但是要做实质性的修改需要作者授权。另外，许可改编、制片等，视为同意对原作做必要的变动。对已经转让的画稿、书稿进行修改，要受原件所有人的限定，即取得原件所有人的同意。

（四）保护作品完整权

保护作品完整权，即保护作品内容完整，使作品不受歪曲、篡改的权利，行使该权利时需要注意禁止他人未经许可修改原作品，禁止他人在二次创作中歪曲原作品。

二、著作财产权

著作财产权，是指著作权人自己使用或者授权他人以一定方式使用作品而获取物质利益的权利。著作财产权主要包括以复制权、发行权、展览权、广播权等方式使用作品并获得物质利益的权利。

著作财产权的性质明显不同于著作人身权，其可以转让、继承或放弃。著作财产权也不同于一般的财产权，其受地域、时间等因素的限制。根据《著作权法》第10条的规定，著作财产权表现为以下十三点。

（一）复制权

复制权是将作品以特定的方式原样再现的权利。行使复制权应注意以下问题。

复制的手段包括机械复制和手工复制。机械复制是指以印刷、复印、翻录、翻拍、录音、录像等方式复制。手工复制是指以抄写、仿制、拓印、临摹等方式复制。版权主要是限制机械复制，因为机械复制对作品的使用直接影响着著作权人的经济利益。

异种复制，是指以原样再现以外的方式再现作品。对异种复制应区别情况做出处理，如果是按照图纸施工生产工业产品，利用的是图纸中的技术参数，制造出的是工业品，而不是作品，不构成复制。如果按照图纸生产实用艺术品，如生产服装、灯具等则构成复制，目的在于加大对实用艺术品的保护。

对艺术品而言，复制包括对平面作品进行立体的复制，也包括对立体作品做平面上的复制。

（二）表演权

表演权指公开表演作品，以及用各种手段公开播送作品的表演的权利。表演的类型分为现场表演和机械表演。

现场表演是直接向现场公众表演作品，现场表演的控制权，是创作者从他人的商业演出市场中获得利益的法律依据。

机械表演是指将作品的表演使用机器设备予以公开播放的行为。机械表演的控制权是创作者向大量播放音乐作品的机构等收取著作权使用费的法律依据。例如，歌舞厅、商场、超市、宾馆、酒店、卡拉OK厅等场所通过机器设备大量播放音乐作品，著作权人可以通过机械表演权收费。

（三）广播权

广播权是指以无线方式公开广播或者传播作品，以有线传播或者转播的方式向公众传播广播的作品，以及通过扩音器或者其他传送符号、声音或者图像的类似工具向公众传播广播的作品的权利。

（四）展览权

展览权是指向公众展示其美术作品、摄影等作品的权利。在行使展览权时须注意美术作品原件的展览权根据《版权法》第18条的规定属于原件所有人，行使展览权应尊重他人肖像、隐私等合法权利。

（五）发行权

发行权是指以出售、赠与、散发等方式向公众提供作品的原件和复制件。

发行的方式主要是出售、赠与、散发出借等，绝大多数的发行是有偿行为。出版通常是指包括了复制和发行的行为。

（六）改编权

改编权是指在原作品的基础上，通过改变作品的表现形式，创作出具有独创性的新作品的权利。

原作与改编作品的区别仅在于表现形式的差异，但二者的内容基本一致，同时原著的某些独创性特点同样会反映在改编作品中。

（七）翻译权

翻译权是指将作品从一种语言文字转换成另一种语言文字的权利。授予作者翻译权，有利于保护其对作品传播地区的控制权。

翻译权主要是对文字作品、电影作品等作品的翻译，美术作品、乐曲等一般不涉及翻译权。翻译的种类包括外语翻译成汉语、汉语翻译成外语、少数民族语言翻译成汉语、汉语翻译成少数民族语言。

（八）汇编权

汇编权是指对作品或资料进行收集、整理、增删、选择、组合、汇集编排的权利。

（九）制片权

制片权就是指以摄制电影或者以类似摄制电影的方法将作品固定在一定的载体上的权利。著作权人将原作的电影电视制片权转让给制片人，由制片人根据原作改编并拍摄成电影或电视。

（十）出租权

出租权是指向公众商业性地出租影视作品和计算机软件的权利。出租权的目的是防止影视作品和计算机软件的作者及出版者利益的不当减少，因为出租会影响复制件的销路。

（十一）信息网络传播权

信息网络传播权是指以有线或者无线的方式向公众提供作品，使公众可在其个人选定的时间和地点获得作品的权利。

信息网络的范围：根据《最高人民法院关于审理侵害信息网络传播权民事纠纷案件适用法律若干问题的规定》第 2 条，该规定所称信息网络，包括以计算机、电视机、固定电话机、移动电话机等电子设备为终端的计算机互联网、广播电视网、固定通信网、移动通信网等信息网络，以及向公众开放的局域网络。

信息网络传播权的行使须注意以下两方面。

（1）网络传播行为的条件为只要将作品上传或放置在网络服务器中供用户下载或浏览就构成通过网络提供作品。例如，网站经营者直接将作品置于开放的服务器供用户在线欣赏和下载；用户将作品传到开放的服务器上供用户在线欣赏和下载；将 MP3 传到 Ftb 服务器上，将文字作品传到 BBS、博客或个人空间上等。

用户将作品置于 P2P 软件划定的共享区中供于 P2P 软件的用户搜索和下载都属于向公众提供作品，如果是由非作者提供的，就需要取得授权，否则就可能侵害作者的信息网络传播权。

（2）信息网络传播权是交互式传播，也被称为"按需传播"，它是通过用户的点击行为触发的对作品的实际传输。

《中华人民共和国网络安全法》第 10 条规定："建设、运营网络或者通过网络提供服务，应当依照法律、行政法规的规定和国家标准的强制性要求，采取技术措施和其他必要措施，保障网络安全、稳定运行，有效应对网络安全事件，防范网络违法犯罪活动，维护网络数据的完整性、保密性和可用性。"

（十二）放映权

放映权是指通过放映机、幻灯机技术设备再现影视等作品的权利。

放映权放映的对象主要是影视作品。电影作品的放映权由制片人行使，无须再征得各有关部分作者的许可，意义在于保护影视作品投资回收。

（十三）应当由著作权人享有的其他财产权利

《著作权法》第 12 条规定，改编、翻译、注释、整理已有作品而产生的作品，其著作权由改编、翻译、注释、整理人享有，但行使著作权时不得侵犯原作品的著作权。此规定派生出了著作权的注释权和整理权。

1. 注释权

注释权是对原作品进行注解、释义和阐明的权利。注释作品是对已有作品进行注释而产生的，被注释的作品一般是人们不易看懂的古代文字、艺术、科学等作品。如不易理解的古代著述、诗词，需要将其文字、内容加以注释，将其含义以通俗的语言准确地表达出来，如南怀瑾先生注疏《论语》而作《论语别裁》。注释作品虽然表达的是已有作品的原意，但其中有注释者的创作性劳动,因此,注释作品的作者应享有著作权。

2. 整理权

整理是对一些散乱的作品或者材料进行删节、组合、编排,经过加工、梳理使其具有可读性,如将他人零乱的手稿给予章节上的编排,使其成为可阅读的作品。整理已有作品,主要是使公众易于阅读,在整理过程中,整理者付出了创造性劳动,应享有著作权。

三、从武汉某电器案看信息网络传播权

案件要点:QQ群中设置共享文件的方式,向他人提供作品,该行为是否侵权。

案件情况:武汉某电器未经北京科技出版社许可,且未支付报酬,在其主办的淘宝网店"某电器专营店"中,向购买烤箱的用户通过QQ群中设置共享文件的方式免费赠送北京科技出版社正式出版的畅销书《跟着君之学烘焙》的电子版。北京科技出版社认为武汉某电器的行为侵犯了北京科技出版社依法享有的《跟着君之学烘焙》信息网络传播权,损害了北京科技出版社的利益。故北京科技出版社诉至法院,要求判令:①武汉某电器停止对涉案图书的侵权行为;②武汉某电器赔偿北京科技出版社经济损失10万元;③武汉某电器赔偿北京科技出版社公证费支出2000元。

本案关键问题分析:

一是涉案行为是否属于侵犯信息网络传播权的行为。信息网络传播权,即以有线或者无线的方式向公众提供作品,使公众可以在其个人选定的时间和地点获得作品的权利。根据《最高人民法院关于审理侵害信息网络传播权民事纠纷案件适用法律若干问题的规定》第3条规定:"网络用户、网络服务提供者未经许可,通过信息网络提供权利人享有信息网络传播权的作品、表演、录音录像制品,除法律、行政法规另有规定外,人民法院应当认定

其构成侵害信息网络传播权行为。"通过上传到网络服务器、设置共享文件或者利用文件分享软件等方式，将作品、表演、录音录像制品置于信息网络中，使公众能够在个人选定的时间和地点以下载、浏览或者其他方式获得的属于提供行为。

构成侵犯信息网络传播权至少要满足三个条件：第一未经权利人许可，第二通过信息网络的提供行为，第三公众可以在其个人选定的时间和地点获得作品。

本案涉案 QQ 群成员有限，但该 QQ 群属于开放式群组，面向的是不特定的群成员，任何人可以通过购买商品等方式进入该群，符合公众可以在其个人选定的时间和地点获得作品的要件。构成侵犯信息网络传播权。

二是本案武汉某电器是否应当为涉案侵权行为承担责任。

一审法院的认定，武汉某电器作为涉案 QQ 群的管理和控制者，对涉案 QQ 群内的信息传播行为负有一定知识产权注意义务，应当采取合理措施预防侵权，否则应对群中出现的信息网络传播权侵权行为导致的损害承担连带赔偿责任。故一审法院认定武汉某电器的行为性质，应属于"网络服务提供者"的帮助侵权行为。

二审法院认为，武汉某电器作为 QQ 群的建立者和管理者，与网络服务提供商的性质是不同的。QQ 群是腾讯公司推出的多人聊天交流平台，任何一个 QQ 用户均可以创建群并邀请他人入群。QQ 群空间亦为腾讯公司提供，用户可以通过共享文件、上传照片等方式实现交流互动。因此，提供涉案网络服务的并不是 QQ 群的建立者和管理者，不适用法律规定的关于"网络服务提供者"的归责和免责条件。

根据涉案公证书所载，武汉某电器在经营过程中，承诺消费者在购买其电烤箱后，可以通过验证身份加入其管理控制的 QQ 群，获得烘焙电子书，由此确认：①武汉某电器建立管理涉案 QQ 群与其销售电烤箱的行为紧密相关；②购买烤箱后进群需通过客服处获得的方法验证；③消费者经指引进入 QQ 群获得烘焙电子书符合其承诺内容。故涉案作品提供行为的主体已可以初步指向武汉某电器，北京科技出版社已完成了初步举证责任。武汉某电器否认涉案作品系其提供，应当对自己的主张负有举证责任。武汉某电器仅提交了上传人"梓熙"的 QQ 账户显示的基本信息，而未通过查询消费者购买记录、客服聊天记录、进群验证信息等相关信息，进一步提供上传人"梓熙"的买家联系方式、地址等个人身份信息以证明该上传人系购买其电器的其他用户而非其工作人员。对此，二审法院认为，武汉某电器未能完成其举证责任，应承担举证不利的后果，武汉某电器应为该侵权行为承担相应的法律责任。

案件法律适用和结论：武汉某电器主张，一审法院按照《侵权责任法》第 36 条属于适用法律错误。对此，二审院认为，《侵权责任法》第 36 条第 1 款规定，网络用户、网络服务提供者利用网络侵害他人民事权益的，应当承担侵权责任。该案涉案侵权行为符合上述规定，可以适用该条款。一审法院虽对武汉某电器的行为性质认定有误，但未影响实体结论。一审判决认定事实基本清楚，适用法律基本正确，依照《中华人民共和国民事诉讼法》第 170 条第 1 款第 1 项之规定，二审法院判决，驳回上诉，维持原判。

第二节　版权的限制

一、合理使用

合理使用，是指在特定的条件下，法律允许他人自由使用享有著作权的作品，而不必征得权利人的许可，不向其支付报酬的合法行为。

合理使用的特征：①合理使用针对已经发表的作品适用。

②合理使用无须著作权人许可。③合理使用无须向著作权人付费。④合理使用是法定性限制，主要取决于《著作权法》第22条的规定确定。⑤合理使用是一种非营利性的使用。

根据《著作权法》第22条的规定，合理使用的情形主要包括以下十一种。

（一）个人使用

个人使用即为个人学习、研究或者欣赏，使用他人已经发表的作品。个人使用的目的是为了学习、研究、欣赏，该处的个人包括家庭的使用。个人使用的方式《著作权法》没有限定，主要是复制、表演、翻译、改编、整理等适合个人使用的方式。个人使用的限制主要是针对已经发表的作品的非营利的使用。

（二）引用使用

引用使用是为介绍、评论某一作品或者说明某一问题，在作品中适当引用他人已经发表的作品。引用他人作品的要件：引用目的的正当性，即基于介绍、评论某一作品或者说明某一问题而引用。被引用作品已经发表，未发表的作品不得引用。引用须适当，所引用部分不能构成引用人作品的主要部分或者实质部分，这是引用量的规定性，引用的量因作品的类型不同其量化的标准有所区别。例如，我国曾经规定"引用非诗词类作品不得超过2500字或被引用作品的十分之一，在广播中引用声音不得超过1分钟，引用音乐不得超过8个小节，法院判定还可以是否引用了作品的实质部分来判断引用的正当性。引用不得损害被引用作品著作权人的利益，引用应加注引号，并指明出处。引用的作品是已经发表的，引用比例应适当，引用的内容不能比评论、介绍或者说明还长，注明作者姓名、作品名称等，但引用数据、新闻、名人明言、语录、标语、文件和法律规定、政府工作报告等产生的相同文字不能算作雷同"。《版权法》规定的引用，其所引用部分不能构成引用人作品的主要部分或者实质部分，按通常理解，主要部分是对量的规定，实质部分是对质的规定。

（三）媒体再现或引用

媒体再现或引用是指为报道时事新闻，在报纸、期刊、广播电台、电视台等媒体中不可避免地再现或者引用已经发表的作品。该种合理使用的主体仅限于媒体，即报社、期刊、电台、电视台等专有媒体，不包括自媒体。媒体再现或引用必须是基于新闻职能不可避免性的适当引用，不能借新闻报道大量播放作品的声音或画面。

（四）媒体刊登或者播放

媒体刊登或者播放是指报纸、期刊、广播电台、电视台等媒体刊登或者播放其他报纸、期刊、广播电台、电视台等媒体已经发表的关于政治、经济、宗教问题的时事性文章，以及公众人物在公众集会上发表的讲话，但是作者声明不许刊登、播放的除外。该种合理使用的主体仅限于媒体，即报社、期刊、电台、电视台等专有媒体，不包括自媒体。媒体刊登或者播放的是他人已发表的时政文章或者他人在公众集会上发表的讲话，使用的方式是媒体相互转载刊登、播放。媒体刊登或者播放的目的是为了保障公众关注的政治、经济、文化、外交等信息流通。

（五）基于教学或科研的合理使用

基于教学或科研的合理使用是指为学校课堂教学或者科学研究，翻译或者少量复制已发表的作品，供教学或者科研人员使用，但不得出版发行。

该种合理使用的目的限于课堂教育、科学研究。使用的方式主要是少量复制、翻译，但是实务中应根据教学和科研的内容或项目来判定使用方式。例如，电影学院组织学生改编、拍摄，用于评定学习成果，其使用的方式就不限于复制和翻译而扩大到改编、拍摄、放映等。该种使用是非营利性，不得以教学科研名义为出版发行。

（六）国家机关执行公务的使用

国家机关执行公务的使用是指国家机关为执行公务在合理范围内使用已经发表的作品。国家机关执行公务，可在其职能范围内基于公务需要对作品进行少量复制等方式的使用，但不得营利。

（七）馆藏使用

馆藏使用是指图书馆、档案馆、纪念馆、博物馆、美术馆等为陈列或者保存版本的需要，复制本馆收藏的作品。馆藏使用的主体具有特定性，并且图书馆、档案馆、博物馆、纪念馆、美术馆等使用的目的仅限于陈列或保藏目的的复制，不得大量复制，也不得营利，也只能是对本馆作品的复制。

（八）免费表演

免费表演是指表演者对已经发表的作品现场表演，该表演未向公众收取费用，也未向表演者支付报酬。免费表演仅指现场表演，如在宗教场合，或为残疾人、孤寡老人及贫困灾区等设计的表演。而打着"义演""扶贫救灾"旗号的捐款活动的演出，就不是免费表演，不属于合理使用范围。

（九）室外艺术品的合理使用

室外艺术品的合理使用是指对设置或者陈列在室外公共场所的艺术作品进行临摹、绘画、摄影、录像。室外艺术品的合理使用是非接触式的使用陈列或设置在室外的艺术品，主要是对适合陈列在室外的雕刻、壁画、建筑、塑像等作品通过临摹、绘画、摄影、录像等方式的使用，但不得以营利为目的。例如，将烈士墓群雕像绘制并出售，将拍摄的鸟巢的照片制成明信片出售等不属于合理使用。

（十）将汉字作品翻译成少数民族文字的合理使用

将中国公民、法人或者其他组织已经发表的以汉语言文字创作的作品翻译成少数民族语言文字作品在国内出版发行，该种合理使用限于中国人的汉字作品。翻译作品的出版发行范围限于中华人民共和国境内，译者对翻译作品享有新的独立的著作权。

（十一）将已经发表的作品改成盲文出版

盲文是一种文字符号，从任何一种文字变换为盲文，都是一种翻译行为。翻译他人已发表作品，应当取得著作权人的许可。但是盲人是身体残疾者，应当受到国家和社会的关怀，故著作权法将此种情况列为"合理使用"。盲文的翻译人应当享有新的独立的著作权。

二、法定许可使用

法定许可使用，是指根据法律的直接规定，以特定的方式使用已发表的作品，可以不经著作权人的许可，但应向著作权人支付使用费，并尊重著作权人的其他权利的制度。

与合理使用一样，法定许可也是考虑社会公共利益，使用他人已发表的作品，使用作品均无须征得权利人的许可。但是二者也有区别，法定许可的使用者有很大的限定，通常只能是录音制作者、广播电视台和报刊等主体，而合理使用的主体范围则比较宽泛，可以是任何人。法定许可使用须向权利人支付报酬，而合理使用无须支付报酬。版权法规定的法定许可主要有以下四个方面。

（一）报刊转载法定许可

报刊转载法定许可是指作品刊登后，除著作权人声明不得转载、摘编的外，其他报刊可以转载或者作为文摘、资料刊登，但应当按照规定向著作权人支付报酬。例如，甲报社转载了乙期刊上某人的两首诗。

（二）录音法定许可

录音法定许可是指录音制作者使用他人已经合法录制为录音制品的音乐作品制作录音制品，可以不经著作权人许可，但应当按照规定向其支付报酬。著作权人声明不许使用的不得使用。

（三）电台、电视台法定许可

电台、电视台法定许可是指广播电台、电视台播放已经出版的录音制品，可以不经著作权人许可，但应当支付报酬。当事人另有约定的除外。

（四）编写出版九年制义务教育教科书的法定许可

编写出版九年制义务教育教科书的法定许可是指为实施九年制义务教育和国家教育规划而编写出版教科书，除作者事先声明不许使用的外，可以不经著作权人许可，在教科书中汇编已经发表的作品片段或者短小的文字作品、音乐作品，以及单幅的美术作品、摄影作品，但应按照规定支付报酬，指明作者姓名、作品名称，并不得侵犯著作权人依照《著作权法》所享有的其他权利。例如，在语文教材中用了舒婷的《致橡树》，音乐教材中使用周杰伦的《双节棍》就属于法定许可。

《版权法》第 23 条规定的教材应满足下列条件：①仅指课堂用书；②编著须国家教育机构授权；③是列入国家教育行政管理机构确定的中小学教学用书目录的学生用书。

三、关于影视作品中音乐的合理使用

在影视剧中使用有在先著作权的音乐作品，无论是在哪些场景中使用都需要取得词、曲、表演者、录音者的相应授权，除非合理使用。

2004 年，北京市高级人民法院对电视剧《激情燃烧的岁月》背景音乐侵权纠纷案完成终审，判决《激情燃烧的岁月》剧制作方西安长安影视因未经许可在剧中完整使用歌曲《保卫黄河》作背景音乐，赔偿《保卫黄河》的管理机构中国音乐著作权协会20150 元。由于该剧背景音乐选用的《敖包相会》《洪湖水，浪打浪》等另外四首歌曲并未完整播放，属于合理使用。

某音乐公司诉某电视剧侵权案中，在判断是否属于实质使用作品时引入了是否获利的条件：①某电视剧使用的录音作为电视剧背景音乐，通过电视剧的发行而获利，该使用行为带有营利性；②某电视剧在使用歌曲录音时，使用录音时长分别达到2分钟的两处，时间较长，比例达到原录音时长的大部分；③某电视剧使用歌曲的录音片断作为场景的背景音乐，该背景音乐起到了烘托气氛和提升场景效果的作用，使用录音行为可以从中获得了利益。综上三点，某电视剧使用歌曲录音时长分别到达2分钟的两处构成了实质性使用，未经某音乐公司许可，构成侵权。

对于低成本电影而言，制作方和作曲人往往参考好莱坞的许可模式，实行"一揽子交易"，用一揽子许可的方式分别通过集体管理组织和唱片制作许可单位来处理。

电影制作方支付作曲人一笔费用，该费用包含了音乐创作和录音制作过程的一切支出。也就是说，作曲人需要支付音乐制作过程中的一切费用，如录音棚及录音设备的租赁费用及演唱者、乐手、录音师、混音师、母带处理师的酬劳等，而剩余的费用则为作曲人的酬劳。不过，一旦整体支出超出了一揽子交易的金额，作曲人则需要自费支付额外超出的费用了。

另外，电影制作方通常还在一揽子交易之外预算了部分其他费用支出。其中包括获得非签约作曲人创作的音乐和录音作品授权的费用；或者由于对签约作曲人创作的音乐不满意，转而聘请其他作曲人、编曲师、配器师对签约作曲人创作的音乐作品进行修改或重新编曲或配器，从而产生的费用，等等。

针对这种情况，签约作曲人应当在协议中与电影制作方协商写明详细的补偿费用，为自己提供合理保障，以防止电影制作方由于不满意音乐作品并要求终止合作，最终造成作曲人不必要的财务损失。

第三节　版权限制与例外的"三步测试法"

所谓的"三步测试法"，其实是著作权国际公约对成员国法律就著作权的限制或例外的规定或做法所做出的一个限制，只有通过"三步测试法"的限制或例外，才是符合公约要求的。这个规定首先出现在《伯尔尼公约》第 9 条第 2 款关于复制权的"例外"中。

在《世界知识产权组织版权条约》（WCT）第 10 条关于"限制与例外"的规定中，进一步阐明了"三步测试法"的适用范围：①缔约各方在某些不与作品的正常利用相抵触，也不无理地损害作者合法权益的情况下，可在其国内立法中对依本条约授予文学和艺术作品作者的权利规定限制或例外。②缔约各方在适用《伯尔尼公约》时，应将对该公约所规定权利的任何限制或例外限于某些不与作品的正常利用相抵触，也不无理地损害作者合法利益的特殊情况。在理解上述国际公约有关"三步测试法"的规定时，不应该忽视以下两个基本意思：

第一，"三步测试法"是就各国立法规定著作权的限制或例外的规则时，所应该遵循的原则。换句话说，"三步测试法"是用来检验各国立法中规定的"限制或例外"是否符合国际公约的一项准则，而并非直接用来检验著作权侵权纠纷的个案中某个被告的行为是否可以豁免的准则或者依据。这应该是法院依据国内《著作权法》的规定来判断的。

我国法院在解释本国法对于权利限制和例外的规定时，仍然要避免与公约规定的"三步测试法"要求相违背，否则有可能引发有的国家起诉我国违反 WTO 的事件。比如，在美国，著作权侵权纠纷的被告可以直接以"合理使用"的一般原则来抗辩的时候，法院做出的任何一个认定这种抗辩成立的判决，理论上也应该符合"三步测试法"的要求。事实上，考虑到美国法院在适用

"合理使用原则"时，做出了明确且限缩的解释，因此，美国版权侵权案件中的合理使用规则，也是可以通过公约的"三步测试法"检验的。

第二，"三步测试法"适用于各国立法对著作权做出的任何一种限制或例外，包括类似我国《著作权法》第22条规定的所谓合理使用的情形，也包括《著作权法》第23条（法定教材汇编）、第32条（报刊转载摘编）、第40条（制作录音制品）、第43条和44条（广播）等法定许可的情形。我国《著作权法》第二章第四节规定了"权利的限制"，但其实就是第22条关于合理使用和第23条关于教材汇编法定许可的规定，而其他权利限制（法定许可）的规则却散见于不同章节。国内大量文献在讨论"三步测试法"的时候，似乎都只奔着第22条合理使用这个"权利限制"的情形而去了，却忽略了其他法定许可的"权利限制"情形。而事实上，无论是合理使用，还是法定许可，都要符合"三步测试法"的要求。

"三步测试法"与《著作权法》第22条（合理使用）的关系，归纳起来，国内学界主要是有两种观点。一种观点认为第22条规定的各种合理使用的情形，从理论上讲应该本身就是符合国际公约的"三步测试法"的要求的。比如，"为介绍、评论某一作品或者说明某一问题，在作品中适当引用他人已经发表的作品"，这首先符合第一步检验，即"为介绍、评论某一作品或者说明某一问题"，这属于某些特定情况；其次符合第二步检验，即"在作品中适当引用"不会与该作品的正常利用相冲突；最后，也符合第三步测试，即"这样的行为不致不合理地损害作者合法利益"。

在适用我国《著作权法》第22条规定的时候，只需要去判定被告的行为是否符合12个列举的情形就可以了，而无需再进一步分析这个行为是否符合"三步测试法"的要求。因为立法的时候已经对此进行权衡考量，司法机关就没有必要再重复权衡了，如果不这样理解的话，我国《著作权法》第 22 条的规定是否符合国际公约的要求，就会变得不确定。

另一种观点则可以归纳为《著作权法》第 22 条规定的各种合理使用的情形，仅仅是满足了"三步测试法"中"某些特定情形"的第一步检验，至于在这种情况下，是否会"与该作品的正常利用相冲突"，是否会"不合理地损害作者合法利益"，则仍需要进一步个案衡量。这种观点的提出，也并非没有道理和依据。因为我国《著作权法》第 22 条规定的一些合理使用情形往往比较笼统，其含义有不少不清晰和不确定之处，这其实与《伯尔尼公约》规定的基本要求相违背。比如，所谓私人使用例外的规则，"为个人学习、研究或者欣赏，使用他人已经发表的作品"，其含义就有诸多不确定之处，"使用"是否仅仅指"复制"，使用的范围就不明确。

第十二章　版权管理与保护

第一节　版权的管理

一、著作权的行政管理

著作权行政管理，是指国家著作权行政管理机关代表国家对著作权工作进行管理的行为，即国家著作权行政管理机关运用行政手段协调规范版权市场中的各种行政法律关系。

国务院著作权行政管理部门的职能：①贯彻著作权法律、法规，制定与著作权行政管理有关的各项规定；②查处在全国有重大影响的著作权侵权案件；③批准设立著作权集体管理机构、涉外代理机构和合同纠纷仲裁机构，并监督、指导其工作；④负责著作权涉外管理工作；⑤负责国家享有的著作权管理工作；⑥指导地方著作权行政管理部门的工作；⑦颁发强制许可证；⑧承担国务院交办的其他著作权管理工作。

地方著作权行政管理部门的职能：①检查本地区内著作权法的实施情况，了解本地区著作权法实施过程中存在的问题，提出解决问题的建议，并及时向国家版权局反映；②对于发生在本地区的侵权行为，行使行政处罚权；③接待来信、来访，并为著作权人及有关部门提供法律咨询、服务；④宣传、普及著作权法律知识，组织本地区内的各种宣传工作，为各行业部门举办讲座、培训，编写、出版有关著作权保护的资料、刊物；⑤在人民法院需要时，为其处理著作权纠纷案件提供帮助。

二、著作权集体管理

著作权集体管理，是指著作权人授权有关组织代为集中管理著作权、邻接权的制度。著作权的集体管理对权利人的权利实现和保护有以下重要意义：

（1）协调著作权人与社会公众的利益关系。

（2）保证著作权人权利的实现。著作权法规定的表演权、放映权、广播权、出租权、信息网络传播权、复制权等权利人难以有效行使的权利可以授权由集体管理组织管理。

（3）减少和避免纠纷。

著作权集体管理组织的建立申请：设立集体管理组织应当向国务院著作权管理部门提交相关证明材料，在收到材料之日起60日内，国务院著作权管理部门决定是否批准。申请人在批准之日起30日内到国务院民政部门办理登记手续，并在发给登记证书之日起30日内将登记证书副本报国务院著作权管理部门备案。

著作权集体管理组织的职能：著作权集体管理组织经权利人授权，集中行使权利人的有关权利并以自己的名义进行下列活动。①与使用者订立著作权或者与著作权有关的权利许可使用合同（以下简称许可使用合同）；②向使用者收取使用费；③向权利人转付使用费；④进行涉及著作权或者与著作权有关的权利的诉讼、仲裁等。

著作权集体管理组织的诉讼绝非单纯为了涉案几首作品能获得多少数额的经济赔偿，而是为了使被告长期大规模使用他人作品的行为合法化，促使其自觉按著作权法的规定守法经营。著作权集体管理组织虽然在诉讼中限于诉讼成本和技术层面的制约，也只能在一次诉讼中与个体诉讼主张差不多数量的作品，但是它所代表的权利人数量众多，所代表的作品总量极大，代表着创作者阶层（不仅涉及国内，还涉及海外权利人的权益）的整体权益，且使用者侵权使用的作品总体上也是集体管理组织所能管理的作品。著作权集体管理组织的维权效果是通过诉讼促进使用者长年累月的作品使用行为合法化，同时能够使更多的著作权人的著作权益通过使用者向著作权集体管理组织缴费而得到兑现。中国音乐著作协会（以下简称音著协）很多许可业务均是靠诉讼为先导才实现与商家使用者签约的。

著作权集体管理组织的诉讼则是通过最终的权利救济手段使被告使用者尊重他人的著作权益，促使被告使用者自觉守法经营而非从事大规模侵权行为。同时，提示给已经自觉缴纳著作权使用费的同类音乐使用者认识到到底是违法经营成本高还是守法经营成本高，也提示给众多的个体著作权人体会到是加入著作权集体管理组织好还是自己靠打官司"以打代收"好。

作品使用者与著作权集体管理组织之间涉及著作权使用收费费率的纠纷是可以通过著作权仲裁机制来解决的，而不必要经过耗费巨大经济成本和宝贵司法资源的民事诉讼来解决。由于在我国尚未建立专门的著作权费率纠纷的仲裁机制，因此，在涉及此类实际上纯属著作权使用费费率的纠纷中，在使用者拒绝缴纳著作权使用费使用作品进行持续经营的情况下，权利人一方一般只能选择费时费力的民事诉讼这一途径来解决纠纷，这不能不说是我国现行《著作权法》中的一个缺憾，需要在未来的修法中予以补充完善。

三、著作权的自主管理

著作权的自主管理是权利人对作品的创作、交易、保护等方面的管理，其中最重要的是交易管理。交易以许可使用方式最为普遍。

著作权许可使用，是指著作权人将其作品许可使用人以一定的方式、在一定的地域和期限内使用的法律行为。

（1）著作权许可使用不改变著作权的归属，被许可人取得的只是使用权，并不能成为著作权的主体。而著作权的转让，受让人取得的是著作权。

（2）在著作权许可使用中，被许可人只能是自己按照约定方式、地域范围和期限使用作品，不能将所获得的使用权再让渡给第三人，当然征得著作权人同意的除外。而著作权转让以后，受让人不仅自己可以使用作品，也可以将获得的权利再转让或许可他人使用，受让人有处分权。

（3）在著作权许可使用中，非专有使用权的被许可人不可能因权利被侵害而以自己的名义提起诉讼，只有专有使用权的被许可人才能因专有使用权被侵害提起诉讼。而著作权转让中，任何受让人对侵害其财产权利的行为均可提起侵权之诉。

著作权许可使用合同条款：①许可使用的权利种类。②许可使用的权利是专有使用权或者非专有使用权。③许可使用的地域范围、期间。④付酬标准和办法。⑤违约责任。⑥双方认为需要约定的其他内容。

著作权许可使用合同的类型：①图书出版合同。②合作出版合同。③报刊刊登作品合同。④作品改编合同。⑤作品翻译许可合同。⑥表演合同。⑦音像制作者权许可使用合同。

著作权转让合同是指著作权人与受让人就权利人对作品享有的财产权部分或全部的转让而达成的协议。著作权转让合同一般应采用书面形式，合同应包含下列主要条款：①作品的名称。②转让的权利种类、地域范围。③转让价金。④交付转让价金的日期和方式。⑤违约责任。⑥双方认为需要约定的其他内容。

以李某案为例看版权许可合同的履行：李某诉称，李某与影视制作中心于2003年6月订立了由李某创作30集电视连续剧剧本许可影视制作中心使用的合同。签约后李某完成并交付了30集剧本，影视制作中心支付了稿酬22万元。李某请求影视制作中心支付尾款2万元及利息。影视制作中心反诉称，因李某的剧本不能达到要求，又拒绝修改，导致影视制作中心只得花巨资另找人重新编写剧本，影视制作中心支付李某22万元是预付款，请求人民法院判决李某返还影视制作中心 22 万元。

李某与影视制作中心签订的"合同"系著作权许可使用合同，根据合同约定，李某向影视制作中心交付了全部剧本，影视制作中心至今尚欠李某稿酬尾款 2 万元。"合同"中关于支付稿酬尾款 2 万元的约定是："待甲方审查认可剧本，无需要乙方修改时，甲方应向乙方支付完剩下的剧本稿酬尾数二万元（此稿酬尾数支付时间自乙方向甲方交付全部剧本之日起三十天内为限）。"按此约定，影视制作中心如果在收到全部剧本后 30 日内不通知李某修改剧本，就应当向李某支付稿酬尾款。影视制作中心无足够证据证明其在收到全部剧本后 30 日内通知过李某修改剧本，故应当向李某支付剧本尾款 2 万元。影视制作中心无证据证明其向李某支付的 22 万元系预付款，双方当事人也未在合同中约定如影视制作中心不采用李某的剧本李某应返还稿酬，故影视制作中心要求李某返还 22 万元没有法律及合同约定依据。

简要评价：法院的判决符合著作权创作的事实行为认定原理，也充分尊重了这种事实上的创作劳动。

第二节　著作权侵权行为的认定

一、擅自发表他人的作品

擅自发表他人的作品，是指未经作者同意，公开作者没有公开过的作品的行为。

二、歪曲、篡改他人作品

歪曲、篡改他人作品，是指未经作者同意，以删节、修改等行为破坏作品的真实含义的行为。

歪曲、篡改他人作品客观上可以表现为贬损和降低了对作品的评价，损害或破坏了作品的真实含义，或有损作者的尊严；行为人主观上具有歪曲、篡改他人作品的故意。

三、侵占他人作品

侵占他人作品是指未经合作作者的许可，将与他人合作创作的作品当作自己单独创作的作品发表的行为。

四、强行在他人的作品上署名

强行在他人的作品上署名，是指自己未参加作品的创作，却以种种不正当的手段在他人创作发表的作品上署名，该行为违背著作权人的意志。实践中主要表现在行为人为了谋取个人名利，利用权势、地位等因素强占他人的创作成果。

五、擅自使用他人的作品

擅自使用他人的作品是指未经著作权人的许可，又无法律上的规定而使用他人的作品，具体情况包括以下三种。

（1）擅自以展览、制片、改编、翻译、注释等方式使用他人作品的，依《著作权法》第47条之规定仅承担民事责任。

（2）擅自出租权利人的电影作品及以类似摄制电影的方法创作的作品、计算机软件或者录音录像制品的依《著作权法》第47条之规定仅承担民事责任。

（3）擅自复制、发行、表演、放映、广播、汇编、通过信息网络向公众传播权利人作品的依《著作权法》第48条之规定承担民事、行政、刑事责任。

六、拒付报酬

拒付报酬是指使用他人的作品，而未按规定支付报酬的行为。通常是因法定许可或强制许可应支付报酬而未支付。

七、剽窃他人的作品

剽窃他人的作品，是指将他人的作品当作自己创作的作品发表的行为，实践中的剽窃一是完全照抄他人的作品，二是在一定的程度上改变他人作品形式的剽窃。

例如，中国学者刊于巴西某"学术期刊"的多篇医学论文涉嫌抄袭。司法实务中对于剽窃抄袭的认定应注意以下四个方面。

（1）区分剽窃和模仿。模仿是指参考、借鉴他人作品后进行创造性劳动所获得的作品，利用作品中所反映的观点、思想等进行新的创作的表达，法律上是允许的，不能认定是剽窃。

（2）区分剽窃和滑稽模仿（parody）。滑稽模仿是娱乐的一种简单形式，娱乐效果是通过把对该作品不尊敬的展现与作品所有者所创造的理想化形象并置所产生的。其必须传递两种同时存在且相互矛盾的信息：它是原创的，但同时它又不是原创的而是一种滑稽模仿。

（3）区分剽窃和引用。如果引用适当，并注明出处的，那么"引用"很大程度上是可以属于"合理使用"的。

（4）抄袭是对作品（表达）形式的抄袭。仅有对思想、观点的窃取可以是一种违背学术道德的行为，却不一定构成抄袭。

从梅兰芳案件看剽窃抄袭之认定：某作家告《梅兰芳》电影侵权，理由是用了纸手铐这个创意，某作家发表的《43个变奏》讲一个犯人在狱中遭受过一种纸手铐的惩罚，如果纸手铐撕破就会被处以30公斤铁铐的重罚。犯人出狱之后，患上"纸手铐恐惧症"，永远呈现出被铐住的样子。2008年《梅兰芳》电影，开场就是梅兰芳的大伯被抓，戴着纸手铐，他不但不去挣脱，反而还小心地维护着纸手铐的完整。因为官府的恶人早就有言在先，如果他胆敢把手铐弄坏，一定会因此要了他的命。这副纸手铐电影里出现过几次，隐喻梅兰芳一旦走入伶人生涯，将再没有自由可言，就像戴上纸手铐。

这个纸手铐创意在电影中的表现并不构成对《43个变奏》的侵权，因为《梅兰芳》使用纸手铐作为一个故事表达隐喻，并不是对《43个变奏》的抄袭，只能是借鉴纸手铐来表达故事，属于正当表达。更何况纸手铐也并非某作家的原创，早在我国清朝时期就有"纸枷"。江苏长洲县令彭某制纸枷、纸半臂，"使欠粮者衣而荷之，有损则加责罚"。郑渊洁在 1981 年创作的《皮皮鲁外传》中，也用过纸手铐。可见以一个创意被使用并不足认定构成剽窃抄袭。

八、侵犯专有出版权和版式设计权

专有出版权，是指出版单位通过与作者订立合同，而在约定的期限或地域内，获得出版作者作品的一种专有权利。

版式设计权，是指权利人基于对图书、期刊的字体设计、格式的编排等依法享有的专有权。

九、制作、出售假冒他人署名的作品

制作、出售假冒他人署名的作品包括自己创作的作品，借用他人的姓名，进行出售；临摹他人的作品，署以他人的姓名进行出售；将他人的作品，署以名家的姓名进行出售。如果是制作、出售假冒他人署名的美术作品的行为则依《刑法》第 217 条、218 条侵犯著作权罪和销售侵权复制品罪进行惩罚。

十、侵犯邻接权

侵犯邻接权是指侵犯表演者、录音、录像制者权和广播电视组织权。

司法实务中，对于侵犯邻接权的认定要注意以下四方面。

第一，未经表演者认可，从现场直播或者公开传送其现场表演，或者录制其表演依《著作权法》第 47 条规定承担民事责任。

第二，未经表演者许可，复制、发行录有其表演的录音录像、通过信息网络向公众传播其表演的依《著作权法》第 48 条规定承担民事、行政、刑事责任。

第三，未经许可播放或者复制广播电视的依《著作权法》第

48 条规定承担民事、行政、刑事责任。

第四，未经许可复制发行，通过信息网络传播录制者的制品的依《著作权法》第 48 条规定承担民事、行政、刑事责任。

十一、其他侵权行为

司法实务中还要注意一些其他侵权行为。

第一，未经著作权人或者著作权有关权利人的许可，故意避开或者破坏权利人为其作品、录音录像制品等采取的保护著作权或者与著作权有关的权利的技术措施的。

第二，未经著作权人或者与著作权有关的权利人许可，故意删除或者改变作品、录音录像制品等的权利管理电子信息的数字、代码等。

第三节 网络侵权及判定

一、网络侵权常见的几种形式

网络侵权行为包括：一是网站经营者非法将作品置于开放的服务器供用户在线浏览欣赏和下载；二是网络用户非法将作品传到开放的服务器上供用户在线欣赏和下载，将 MP3 传到 FTB 服务器上，将文字作品传到 RBS 上或博客，个人空间等；三是网络用户非法将作品置于 P2P 软件划定的共享区中供 P2P 软件用户的搜索和下载；四是网络用户利用网络侵害他人人格、肖像、隐私或财产等民事权益。

近年网站的侵权形式主要有视频 APP 网站链接、电商平台的侵权、网络文学的侵权、游戏软件的侵权等。对于网盘、云盘算不算网络侵权，移动网络与固定网络上的侵权行为有没有不同，WAP 转码是什么性质的行为，存在很多看法，意见不一。

《最高人民法院关于审理侵害信息网络传播权民事纠纷案件

适用法律若干问题的规定》（以下简称最高院《规定》）第3条规定："网络用户、网络服务提供者未经许可，通过信息网络提供权利人享有信息网络传播权的作品、表演、录音录像制品，除法律、行政法规另有规定外，人民法院应当认定其构成侵害信息网络传播权行为。通过上传到网络服务器、设置共享文件或者利用文件分享软件等方式，将作品、表演、录音录像制品置于信息网络中，使公众能够在个人选定的时间和地点以下载、浏览或者其他方式获得的，人民法院应当认定其实施了前款规定的提供行为。"

最高院《规定》第4条规定："有证据证明网络服务提供者与他人以分工合作等方式共同提供作品、表演、录音录像制品，构成共同侵权行为的，人民法院应当判令其承担连带责任。网络服务提供者能够证明其仅提供自动接入、自动传输、信息存储空间、搜索、链接、文件分享技术等网络服务，主张其不构成共同侵权行为的，人民法院应予支持。"

最高院《规定》第5条规定："网络服务提供者以提供网页快照、缩略图等方式实质替代其他网络服务提供者向公众提供相关作品的，人民法院应当认定其构成提供行为。前款规定的提供行为不影响相关作品的正常使用，且未不合理损害权利人对该作品的合法权益，网络服务提供者主张其未侵害信息网络传播权的，人民法院应予支持。"

最高院《规定》第6条规定："原告有初步证据证明网络服务提供者提供了相关作品、表演、录音录像制品，但网络服务提供者能够证明其仅提供网络服务，且无过错的，人民法院不应认定为构成侵权。"

最高院《规定》第7条规定："网络服务提供者在提供网络服务时教唆或者帮助网络用户实施侵害信息网络传播权行为的，人民法院应当判令其承担侵权责任。

网络服务提供者以言语、推介技术支持、奖励积分等方式诱导、鼓励网络用户实施侵害信息网络传播权行为的，人民法院应当认定其构成教唆侵权行为。

网络服务提供者明知或者应知网络用户利用网络服务侵害信息网络传播权，未采取删除、屏蔽、断开链接等必要措施，或者提供技术支持等帮助行为的，人民法院应当认定其构成帮助侵权行为。"

二、网站侵权的认定标准及界限

我国一直存在服务器标准和用户感知标准之争。服务器标准一般是指以作品实际存储地址为标准，服务器标准原来是美国司法用来检视是否构成对于散布权直接侵权的工具，就是只看有无对于第三方信息储存与服务两种行为，并不是看有没有一个实体的"服务器"。用户感知标准是指以普通用户的主观感受为标准，即用户感受到是谁提供了作品，就认定谁构成提供行为。

随着技术的发展，不经过服务器的存储或中转，通过文件分享等技术也可以使相关作品置于信息网络之中，以单纯的"服务器标准"技术标准界定信息网络传播行为不够准确，也难以应对网络技术的飞速发展，因此应将信息网络传播行为作广义的理解，以是否直接提供权利人的作品的法律标准取代服务器标准来界定信息网络传播行为，将信息网络传播行为区分为作品的提供行为与其他信息网络传播行为，而其他信息网络传播行为则是以其技术、设施提供网络中间性服务的行为，即是一种提供服务而非直接提供作品等的行为。将信息网络传播行为区分为作品提供行为和网络服务提供行为，对于构建网络环境下著作权保护的责任体系具有基础性意义。在这种区分的基础之上，产生了直接侵权责任与间接侵权责任的区分。直接侵权责任对应作品提供行为，而间接侵权责任对应网络服务提供行为。侵害信息网络传播权的行为不仅包括作品上传行为，还包括其他信息网络服务行为。上传作品的行为是直接侵权，其他网络服务行为（如链接服务）是间接侵权，而上传行为和其他网络服务行为都是作品提供行为，只要实施了作品提供行为，就构成侵害信息网络传播权。

提供行为对应在《伯尔尼公约》中为 make available，从英文语意直译是（使公众）可以获取，并非明确为上传至服务器。

我国对 ISP 法律责任的归责原则，通说采用过错原则。相应的规则散见于《侵权责任法》《信息网络传播权保护条例》及最高人民法院《关于审理涉及计算机网络著作权纠纷案件适用法律若干问题的解释》（以下简称《网著解释》）等法律文本之中。对于主观过错的认定，《信息网络传播权保护条例》采用"明知或应知"规则，《网著解释》采用"明知"规则，而《侵权责任法》最高院则采用"知道"规则。

《规定》第9条明确了人民法院应当根据网络用户侵害信息网络传播权的具体事实是否明显，综合考虑以下七个因素，认定网络服务提供者是否构成"应知"。一是考虑基于网络服务提供者提供服务的性质、方式及其引发侵权的可能性大小，应当具备的管理信息的能力；二是考虑传播的作品、表演、录音录像制品的类型、知名度及侵权信息的明显程度；三是考虑网络服务提供者是否主动对作品、表演、录音录像制品进行了选择、编辑、修改、推荐等；四是考虑网络服务提供者是否积极采取了预防侵权的合理措施；五是考虑网络服务提供者是否设置便捷程序接收侵权通知并及时对侵权通知做出合理的反应；六是考虑网络服务提供者是否针对同一网络用户的重复侵权行为采取了相应的合理措施；七是考虑其他相关因素确定。例如，网络服务提供者在提供网络服务时，对热播影视作品等以设置榜单、目录、索引、描述性段落、内容简介等方式进行推荐，且公众可以在其网页上直接以下载、浏览或者其他方式获得的，可以认定其应知网络用户侵害信息网络传播权；网络服务提供者接到权利人以书信、传真、电子邮件等方式提交的通知，未及时采取删除、屏蔽、断开链接等必要措施的，也应当认定其明知相关侵害信息网络传播权行为。

有下列情形之一的，也可以认定提供信息存储空间服务的网络服务提供者应知网络用户侵害信息网络传播权：①将热播影视作品等置于首页或者其他主要页面等能够为网络服务提供者明显感知的位置的；②对热播影视作品等的主题、内容主动进行选择、编辑、整理、推荐，或者为其设立专门的排行榜的；③其他可以明显感知相关作品、表演、录音录像制品为未经许可提供，仍未采取合理措施的情形。

如果参酌国外的实践，"知道"其实是客观标准，就是看一般人在同样的情况下是否应当知悉或是能够知悉。如果原告能够以优势证据举证，此时法院就会推定被告知道。被告此时固然仍可提出反证，但会面临严峻的举证困难。因此，所谓的知道这个表面上的主观要件实际上是客观举证责任的问题。

三、关于"有效通知"的适用

《侵权责任法》第 36 条规定："网络用户利用网络服务实施侵权行为的，被侵权人有权通知网络服务提供者采取删除、屏蔽、断开链接等必要措施。网络服务提供者接到通知后未及时采取必要措施的，对损害的扩大部分与该网络用户承担连带责任。"

"避风港"规则是网络服务提供者最常且最爱引用的规则。以搜索为例，在很多纠纷中，网站都声称对使用搜索技术自动形成的搜索结果不承担责任。在过往很多的诉讼中，这也是百度等平台多次成功免责的"重要法宝"。其理由为：一是"技术自动"，二是"主观不知晓"。而"故意"或"过错"才是追究民事侵权责任或刑事责任关键点。

最高院《规定》第 6 条指出，是否及时采取必要措施，应根据网络服务的性质、有效通知的形式和准确程度，网络信息侵害权益的类型和程度等因素综合判断。其中，所谓有效通知，只要具备三点即可：申请真实（通知人的姓名和联系方式）、要求明确（要求采取必要措施的网络地址或者足以准确定位侵权内容的相关信息）、说明理由（通知人要求删除相关信息的理由）。对于网络等搜索平台，只要收到被侵权人上述通知，即应对相关内容或信息采取删除、屏蔽或断开链接。换句话说，百度等搜索平台只需对申请删帖的申请进行形式审核，符合"有效通知"要求就应该采取相应措施。对于恶意删帖，最高院《规定》也做了制度安排，恶意删帖也要承担法律责任。

最高院《规定》第 7 条指出："因通知人的通知导致网络服务提供者错误采取删除、屏蔽、断开链接等措施，被采取措施的网络用户可请求通知人承担侵权责任。"因此对于权利人来说只要网上或搜索中有涉嫌侵权，只要"有效通知"了网站或搜索，网站或搜索即应及时予以删除，如果删除不及时，权利人可以起诉网站或搜索承担赔偿责任。

四、用户侵权，网站也会当被告

最高院《规定》第 3 条指出，被侵权人起诉网络用户或者网络服务提供者的，人民法院应予受理。

原告仅起诉网络用户，网络用户请求追加涉嫌侵权的网络服务提供者为共同被告或者第三人的，人民法院应予准许。

根据最高院《规定》第 10 条规定，人民法院认定网络用户转载网络信息行为的过错及其程度时，会综合考虑三点：传播范围（转载主体所承担的与其性质、影响范围相适应的注意义务）、辨别能力（所转载信息侵害他人人身权益的明显程度）和主观倾向（对所转载信息是否做出实质性修改，是否添加或者修改文章标题，导致其与内容严重不符以及误导公众的可能性）。

最高院《规定》第 15 条规定："雇佣、组织、教唆或者帮助他人发布、转发网络信息侵害他人人身权益，被侵权人请求行为人承担连带责任的，人民法院应予支持。"该规定有利于人们对于发布的信息的真实性、合法性进行慎重考虑，防止一些人只要委托人支付相应费用，就按照委托人的意图或要求发布指定的不负责任的信息。

最高院《规定》第 11 条规定："网络用户或者网络服务提供者采取诽谤、诋毁等手段，损害公众对经营主体的信赖，降低其产品或者服务的社会评价，经营主体请求网络用户或者网络服务提供者承担侵权责任的，人民法院应依法予以支持。"该规定对规范评价体系具有积极作用，评价体系本来是督促经营者提供更加优质的服务，但是，评价体系被人恶意利用后，也成为一些人敲诈勒索经营者的工具。

最高院《规定》第 12 条规定："网络用户或者网络服务提供者利用网络公开自然人基因信息、病历资料、健康检查资料、犯罪记录、家庭住址、私人活动等个人隐私和其他个人信息，造成他人损害，被侵权人请求其承担侵权责任的，人民法院应予支持。"该规定强调对个人信息的保护，防止当事人的各类隐私信息被无情暴晒在大众面前，受到"围观"。

根据最高院《规定》第 14 条的规定"被侵权人与构成侵权的网络用户或者网络服务提供者达成一方支付报酬，另一方提供删除、屏蔽、断开链接等服务的协议，人民法院应认定为无效"判定"协议无效"，网站或搜索因"删帖"收取的费用将变成"不当得利"，根据法律规定，被侵权人不仅可以要求网站或搜索予以全额返还，还可以要求网站或搜索承担相应的"利息损失"。该规定可以有效地遏制以"付费删帖"为主营业务的网站。

五、关于深度链接

深度链接是对第三方网站中存储文件的链接。用户点击链接之后，即可以在不脱离设链网站情况下，从第三方网站下载该文件，或在线打开来自于第三方网站的文件，欣赏其中的作品。此时用户浏览器中显示的网络地址仍然为设链网站的地址，而不是被链接文件在第三方网站的地址。①

深度链接并不是一个法律概念，而是一个技术概念，区别于普通链接，设链网站提供的链接服务使得网络用户在未脱离设链网站页面的情况下，即可获得被链接网站上的内容，且该内容仍存储于被链接网站。

但是北京知识产权法院否定了这些标准并不意味着深度链接不受法律规制、不用负法律责任。比如，如果被链接内容本身就是侵权的，深度链接行为构成间接侵权（或共同侵权）应该没有问题。如果深度链接内容是权利人或经其授权的，那么深度链接行为应该可以认定为不正当竞争法。另外，如果网站有设置防盗链措施和权利管理信息的，盗链和更改权利管理信息的行为都是违反著作权法规定的，应当承担相应的法律责任。

根据"服务器标准"，提供应该是只算初始上传到公开网络的行为，一般的链接需要跳转，而深度链接不需跳转。一般的链接通常很难认定为侵权，深度不需要转接的很容易认定为侵权。聚合和正版网站提供视频流，都是获取 URL 资源进行播放，不同的是聚合没有上传至服务器的行为。当然，正版有授权，聚合没获得授权。日本有一个案例，经过多次点击链接进入才可以看到的侵权产品，没有认定为侵权。

对信息网络传播行为应作广义的理解，以是否直接提供权利人的作品的法律标准取代服务器标准来界定信息网络传播行为，将信息网络传播行为区分为作品提供行为和网络服务提供行为，对于构建网络环境下著作权保护的责任体系具有基础性意义。

也有学者认为深度链接不构成直接侵权，因为它没有提供作品，它最多也就是为提供作品的行为施加便利从而可能构成间接侵权，另外反不正当竞争法和破解技术措施也可予以规制。第

① 参见王迁：《网络环境中版权直接侵权的认定》，载《东方法学》，2009 年第 2 期，第 13 页。

一，在网络电子流的环境下，忽略了什么叫作"深度"，什么叫作"浅度"。所以这个命题的本身恐怕就是非常有问题的。第二，所谓的"感知标准"最多就只能当作仅供参考的外部证据来适用，本身的证据力一向是非常薄弱的。第三，所谓的链接与检索，就犹如整个网络系统的循环与神经系统。第四，整个关于信息网络传播权的立法出了问题。按照 WCT 和 WPPT 的原意，其中应该包括两个权利：一是公开传输（Right of Communications to the Public），另一则是向公众提供（Making Available to the Public）。前者的典型例子是下载，而后者的典型例子是上传。在上传的部分，关键是 Access（接触或取用），只要有让公众接触或取用的机会就已经成立，至于是否真被取用则并不需考虑。

作为平台服务的提供者，如果是为了节省资源，于是采用"照镜折射"的原理，基于终端使用者的检索关键字而将侵权物以折射的方式投影到了使用者的电脑或装置屏幕之上，这时完全没有信息储存的问题，而此时具体的操控者是使用人，因此如有直接侵权行为，行为人（使用者）才是直接侵权人，并非平台提供者。平台提供者可能还有间接侵权的问题，因此要一步步按照个案具体事实来仔细分析。反之，如果有索引目录的生成并存储在平台服务提供者的系统或受其操控的系统上，那么此时平台服务提供者才有可能要负直接责任。在国外，对于链接现在只有一种说法，叫作"内线链接"（Inline Linkage）。

第四节　著作权侵权行为的法律责任

一、民事责任

著作权侵权行为的民事责任如下：

（1）停止侵害，即责令正在实施侵害他人著作权的行为人立即停止其侵权行为。

（2）消除影响，即责令侵权行为人在一定范围内澄清事实，以消除人们对受害人或其作品的不良印象。

（3）公开赔礼道歉，即责令侵权行为人向权利人认错悔过。

（4）赔偿损失，即责令侵权行为人向权利人支付损害赔偿金，权利人主张赔偿应按照《版权法》第49条的规定，判定具体金额一是依实际损失主张赔偿金（《版权法》第49条第1款）包括合理开支（调查、取证、律师费等）；二是如果无法证明实际损失的按照侵权人的违法所得给予赔偿；三是法定赔偿额，由法院根据侵权行为的情节，判决给予50万元以下的赔偿（《版权法》第49条第2款），《版权法》这一规定考虑了知识产权损害的高度抽象性的特点。

二、行政责任

行政责任，是指国家著作权行政管理机关依照法律规定，对侵犯著作权行为人给予的行政处罚。对于我国《著作权法》第48条规定的侵权行为，著作权行政管理机关可视其情节，分别给予没收违法所得，没收、销毁侵权复制品，处以罚款及没收主要用于制作侵权复制品的材料、工具、设备等。著作权行政管理部门可以处非法经营额3倍以下的罚款，非法经营额难以计算的，可以处10万元以下的罚款。

三、刑事责任

著作权侵权行为的刑事责任如下：

（1）侵犯著作权罪。《刑法》第217条对侵犯著作权罪做了如下规定：以营利为目的，有下列侵犯著作权情形之一，违法所得数额较大或者有其他严重情节的，处三年以下有期徒刑或者拘役，并处或者单处罚金；违法所得数额巨大或者有其他特别严重情节的，处三年以上七年以下有期徒刑，并处罚金。①未经著作权人许可，复制发行其文字作品、音乐、电影、电视、录像作品、计算机软件及其他作品的；②出版他人享有专有出版权的图书的；③未经录音录像制作者许可，复制发行其制作的录音录像的；④制作、出售假冒他人署名的美术作品的。

（2）销售侵权复制品罪。《刑法》第218条规定的销售侵权复制品罪就是销售明知是第217条规定的侵权复制品的犯罪。

第五节　各国知识产权法的归责原则

一、法国

法国1995年修订的《知识产权法》将版权、专利、商标的保护等收入一部统一的法律中，不光是以无过错责任归责，其在版权保护上更是比较极端的。版权保护与专利、商标等其他知识产权保护在程度上有所区别。版权保护不规定对无过错之侵权人的任何免责，即不论侵权者的主观状态，只要客观上行为构成对权利的侵犯，则在下禁令、在可获赔偿等项上，被侵害人均可提出要求。例如，法国《知识产权法》第L. 615—1条是专利保护条款，把侵权责任分为3款。第1款规定："一切侵害专利权人依本法享有的诸项权利的行为，均构成侵权。"第2款规定："侵权人应负民事责任。"第3款规定："如果提供销售、提供上市、自行存储侵权产品之人并不同时是侵权产品的制作人，则只有其确知该产品系侵权产品的事实，方负民事责任。"而同一部法的版权条款中，只有上述相类似3款中的前2款。可见，法国《知识产权法》对版权保护，没有对"无过错"予以免责的规定，其保护力度相对而言是较大的。

二、德国

《德国民法典》第823条规定了过错责任原则，第278条、第831条至836条等诸多条款规定了无过错责任原则。德国1995

年修订的《版权法》第97条第1款规定："受侵权人可诉请对于有再次复发危险的侵权行为，即刻就采用下达禁令的救济；如果侵权系出于故意或出于过失，则还可同时诉请获得损害赔偿。"第101条第1款规定："如果侵权行为人既非故意，有无过失，却又属于本法第97、99条依法被下禁令，责令销毁侵权复制件或移交侵权复制件之人，则在受侵害人得到合理补偿的前提下，可免除损害赔偿责任。"德国知识产权法学者A. Dietz博士明确阐述："当侵权行为既非故意，又非过失时，德国1995年的《版权法》规定了司法救济的某些例外。"

三、日本

《著作权法》第113条规定了视为侵权的行为，其中第1款第1项规定了直接侵权属无过错责任归责："下列行为，视为侵犯该著作人人格权、著作权、出版权或著作邻接权的行为：以在国内发行为目的，进口了当时在国内构成侵犯著作权人人格权、著作权、出版权或著作邻接权的侵权著作物之行为。"在第1款第2项规定了间接侵权属过错责任归责："明知是由侵犯著作人人格权、著作权、出版权或著作邻接权的行为构成的侵权著作物（包括与前款规定的进口有关的侵权著作物），但仍颁布该著作物的行为。"日本版权学者尾中普子指出，在受侵害人要求停止侵害时，"只要有侵权事实即可，不需要具备主观条件如故意、过失"。

从上述可较为清楚地反映了典型的尤其是发达大陆法系国家对知识产权侵权归责是适用无过错责任原则的。有过错者，应承担赔偿责任，无过错责任者，或承担赔偿责任或在有合理补偿的前提下，可免除赔偿责任。

四、英国、美国

英国的《侵权法》几乎开始于无过错责任原则。最早可追索到 14 世纪 50 年代，而过错责任原则是特例。在工业革命后，有的法学家感到过广地适用无过错责任原则的不合理性，才在侵权法中引入了过错责任原则。因而无过错责任原则是在侵权法中的原适用领域及因技术发展而产生的新领域（在工业产权和版权等）中保留下来继续适用的（而不是产生的）。英国《版权法》（无论是 1956 年版还是 1988 年版）均是以专门指出个别侵权行为归入过错责任作为例外，其余均属无过错责任。其众多权威人士均作如此解释，例如，英国《舰队街判例集》记载的当年版权法修订委员会主席 Whitford 法官对 1978 年的一个判例作的解释，以及英国知识产权法学家 Cornish 作的解释。

美国的知识产权侵权，尤其是版权侵权适用无过错责任归责，学者的论著、判例可以充分说明。

参考文献

[1] 吴汉东. 西方国家著作权制度研究 [M]. 北京：中国政法大学出版社，1998.

[2] 郑成思. 知识产权论 [M]. 北京：法律出版社，2007.

[3] 吴汉东. 知识产权法教程 [M]. 北京：法律出版社，2015.

[4] 王泽鉴. 民法学说与判例研究 [M]. 北京：中国政法大学出版社，1998.

[5] 威廉·M. 兰德斯，等. 知识产权法的经济结构 [M]. 金海军，译. 北京：北京大学出版社，2005.

[6] 孙玉荣，管荣齐. 知识产权制度与规范 [M]. 北京：科学出版社，2017.

[7] 阿瑟·R. 米勒. 知识产权法：专利、商标和著作权 [M]. 3版. 北京：法律出版社，2004.

[8] 沈达明. 知识产权法 [M]. 北京：对外经济贸易大学出版社，1998.

[9] 郑成思. WTO知识产权协议逐条讲解 [M]. 北京：中国方正出版社，2001.

[10] 张今. 知识产权新视野 [M]. 北京：中国政法大学出版社，2000.

[11] 安德雷斯·鲍尔. 瞬间的真实 [M]. 沈阳：辽宁画报出版社，2008.

[12] 泰伯特，卡尔金斯. 凯洛格品牌论 [M]. 刘凤瑜，译. 北京：人民邮电出版社，2006.

[13] 孔祥俊. 网络著作权保护法律理念与裁判方法 [M]. 北京：中国法制出版社，2015.

[14] 李明德. 美国知识产权法 [M]. 北京：法律出版社，2003.

[15] 梅术文，曹新明. 日本知识产权法院的设置及其启示 [J]. 电子知识产权，2005（12）.

[16] 胡水晶. 知识产权人拒绝交易——新经济下知识产权领域反垄断的新

课题［J］. 电子知识产权, 2005 (8).

［17］吴荇. 数字图书馆建设中的知识产权问题［J］. 图书馆工作与研究, 2002 (3).

［18］阿道夫·迪茨. 欧洲共同版权是幻想吗［J］. 法学译丛, 1986 (4).

［19］郑成思. 知识产权——应用法学与基本理论［M］. 北京：人民出版社, 2005.

［20］唐海滨. 美国如何保护商业秘密［M］. 北京：法律出版社, 1999.

［21］李扬. 数据库法律保护研究［M］. 北京：中国政法大学出版社, 2004.

［22］魏衍亮. 生物技术的专利保护研究［M］. 北京：知识产权出版社, 2004.

［23］王火灿. WTO 与知识产权争端［M］. 上海：上海人民出版社, 2001.

后　记

　　写作是一种严谨的生活状态，也是一种由细致到全面的学习方式。生活中总有些或明或暗的问题一时得不到妥善的解决，一旦遭遇困境，常常让人滋生放弃的念头。遇到瓶颈时有人告诉我：你就把写书当成写读书笔记。本书有很多不成熟的地方，我自认为对新的《专利审查指南》的理解还不够透彻，通过如实的写作可以解惑，整理自身思绪之余还可以促进知识更新，能够为教学工作积累大量有实际意义的素材。我虽从事知识产权教学多年，但对于很多技术和法律上的问题仍然存有疑问，完成此书后，我得到了更多、更新、更全的专业知识。在此特别感谢李自玉老师、王天学老师对我的鼓励和无私帮助。

　　人间正道是沧桑！

著　者

2017 年夏于成都